LLUVIA
DE FUEGO

LLUVIA DE FUEGO

Rompiendo Contenciones Espirituales
Con Oraciones De Precisión

ALEXANDER O. EMOGHENE

Contents

SECTION 3: CUIDADO CON LAS INTERACCIONES MALVADAS

SECTION 4: ORACIONES DE PRECISIÓN

PREFACIO

l mundo se está moviendo hacia su quinta revolución industrial tal como la conocemos. Cada revolución introdujo a la humanidad en una nueva cultura y una forma de vida.

Por lo general, algunas personas responden positivamente para permitir las transiciones. Son formadores de llamadas y hacedores. A menudo, estas personas se atreven a desafiar el statu quo. Aunque tienen varios defectos y limitaciones, están dispuestos a desafiar esos límites, barreras y limitaciones que resisten sus cualidades de liderazgo para convertirse en líderes en el campo elegido.

Esta quinta generación de la revolución industrial será dirigida por personas que piensan y llevan a otros a descubrir un propósito por encima de las ganancias. Esto será en la generación de impacto. Una generación que busca el bien del mundo y cómo compartir la tierra de manera efectiva para servir a la humanidad.

Responderán la pregunta de propósito para el mundo. Ayudarán a dar sentido a todas las revoluciones industriales anteriores combinadas.

Los contenedores tienen el propósito de preservar la integridad del contenido, para una entrega segura a los usuarios finales. Sin embargo, el contenido seguirá siendo inútil si el contenedor permanece sellado.

Vea su don y talento como un contenido precioso, envuelto en los contenedores del tiempo, la comodidad, la ignorancia, la decepción, el dolor, la baja autoestima y en la piel humana, pero el mundo espera ansiosamente recibir y disfrutar su contenido.

Romper las contenciones es un requisito; es una necesidad si quiere llegar a ser significativo en la vida para servir al mundo con lo que Dios le ha cargado.

Nació por una razón y debe desafiar todos los factores que lo contienen, para que el mundo pueda disfrutar del regalo de Dios en usted.

Este libro intenta perfilar las fuerzas espirituales que las sanciones enemigas operan alrededor de los individuos y en los caminos de la vida para contener y prevenir el crecimiento, el desarrollo, la excelencia, el liderazgo y la productividad; de maximizar al máximo el potencial que Dios le ha dado.

Estas oraciones nacieron de un maratón de 15 días, ayuno y oraciones en nuestro ministerio. Durante el cual el Señor instruyó para imprimir. A medida que avanza y mientras Él le guía en oración; oro para que todos los espíritus que contengan y su fortaleza se rompan para siempre al abrazar su significado en el Nombre de Jesús.

DEDICATORIA

Dedico este libro al Espíritu Santo. A su
paciencia, instrucción e inspiración.

No podría haber pasado por este período de mi vida con usted.

Los alabo Padres, por su amor y misericordias.

Jesús, te amo

Gracias.

RECONOCIMIENTOS

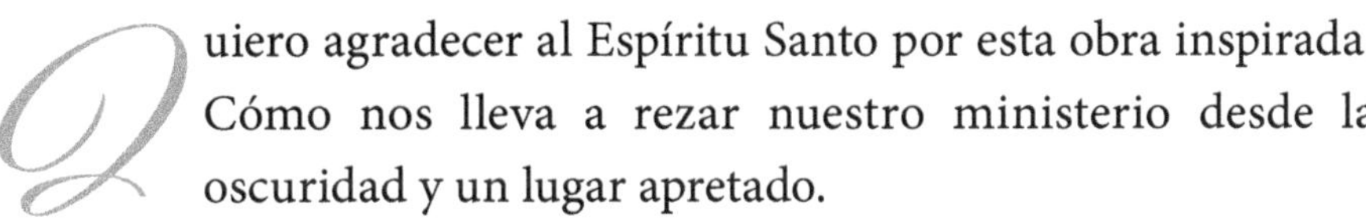

uiero agradecer al Espíritu Santo por esta obra inspirada. Cómo nos lleva a rezar nuestro ministerio desde la oscuridad y un lugar apretado.

Quiero agradecer a mi preciosa esposa Judith por su amor, entusiasmo y oraciones. Gracias por el tiempo y el espacio que me permites tener durante la temporada preparatoria. Me das el coraje para seguir escribiendo.

FUEGO-LLUVIA

El propósito de este libro de lluvia de oraciones es guiarle a poseer el conocimiento de desplazar entidades y actividades demoníacas de una familia, negocio, iglesia, ciudad o área. En el curso de este libro, encontrará palabras como "morir", destruir bloqueos demoníacos en el camino, influencia demoníaca y derribar fortalezas. Comprenda, por lo tanto, que mientras dice estas oraciones, Satanás tratará de mentirle diciéndole que los espíritus demoníacos no mueren o no pueden morir.

(Lucas 4:34) diciendo: Déjanos; ¿qué tienes con nosotros, Jesús nazareno? ¿Has venido para destruirnos? Yo te conozco quién eres, el Santo de Dios.

DESTRUIR... (apollumi) para destruir completamente (reflexivamente, perecer o perder), literal o figurativamente: destruir, morir, perder, estropear, perecer.

(Salmos 91:13) Sobre el león y el áspid pisarás; hollarás al cachorro del león y al dragón.

Isaías 63 es una escritura mesiánica que trata de cómo el Mesías pisoteará a sus enemigos y los destruirá; y vemos cómo aparecerá cubierto de sangre, destruyendo totalmente a todos sus enemigos.

Técnicamente, los espíritus no mueren, PERO cuando decimos "muerto" significa que se detienen o dejan de existir en todas las áreas relacionadas con usted y sus asuntos. Significa:

- Les negamos la capacidad de existir e influir en nuestra vida.
- Rechazamos su presencia para reinar sobre nosotros.
- Rechazamos a la audiencia a participar en los asuntos que nos conciernen como creyentes.
- Destruimos sus actividades dentro y alrededor de nuestro dominio.
- Les negamos el derecho de salir para poder ejecutar sus actividades impías.

Con este entendimiento, haga las siguientes oraciones con total convicción y autoridad. Declare autoritariamente su victoria sin preocupaciones si Satanás y sus secuaces pueden o no ser destruidos... porque seguramente pueden ser destruidos, incluso en su situación. Su oración hace que ese poder entre en vigencia... su oración hace que la lluvia de fuego comience a descender... su oración libera esa lluvia de fuego para quemar todas las fuerzas contra su destino dado por Dios.

Las siguientes son oraciones poderosas diseñadas específicamente para brindar verdadera liberación y libertad a la persona que ora... liberación del fuerte dominio de Satanás.

QUÉ ES LA ORACIÓN

Capítulo 1

LA ORACIÓN ES UNA COMUNICACIÓN EN DOS DIRECCIONES CON DIOS

La comunicación es el medio de enviar o recibir información. Por definición, la comunicación es un diálogo, no un monólogo. Es un medio donde se intercambia información entre dos o más partes. En la oración, podemos comunicarnos con Dios. (Lucas 11: 2). Muchas veces las personas olvidan que Dios es una persona que desea una relación y desea interactuar con nosotros de todas las formas posibles.

Dios hizo a Adán para tener una relación con él. Al proporcionar un ambiente seguro y saludable para Adán, Dios caminará al fresco del día para tener una hermandad con Adán. Es por comunicación que Dios proveyó todo lo que Adán necesitará. Debemos darnos cuenta de lo importante que es satisfacer nuestras necesidades para Él.

Jeremías 33:3... Clama a mí, y yo te responderé, y te enseñaré cosas grandes y ocultas que tú no conoces.

¿Qué tal iniciar una conversación con Dios hoy? Al verlo y tratarlo como persona. En lugar de una charla vacía y una actividad religiosa a Dios sin realmente escucharlo. No se conforme con solo un monólogo y alejarse, sintiendo que Él lo ha escuchado y eso es todo. Hay mucho más cuando reza. La oración es un momento de corazón a corazón con un padre amoroso. Un momento para interactuar, seguir, ser corregido y ser dirigido. Es un tiempo de compromiso altamente priorizado por Dios.

Mateo 6:6-8... Mas tú, cuando ores, entra en tu aposento, y cerrada la puerta, ora a tu Padre que está en secreto; y tu Padre que ve en lo secreto te recompensará en público. Y orando, no uséis vanas repeticiones, como los gentiles, que piensan que por su palabrería serán oídos. No os hagáis, pues, semejantes a ellos; porque vuestro Padre sabe de qué cosas tenéis necesidad, antes que vosotros le pidáis

Capítulo 2

La Oración Es Un Lugar De Intercambio

*I*ntercambio, el acto de dar algo a alguien y que ese alguien te dé algo a ti. Dios nos invita a intercambiar nuestros problemas, temores y falta de sus soluciones. En la oración, escuchamos y vemos las posibilidades de intercambio y vamos por ello.

En Isaías, se nos muestra la posibilidad de intercambio.

> *Isaías 61:3... a ordenar que a los afligidos de Sion se les dé gloria en lugar de ceniza, óleo de gozo en lugar de luto, manto de alegría en lugar del espíritu angustiado; y serán llamados árboles de justicia, plantío de Jehová, para gloria suya.*

En la oración, podemos intercambiar nuestras necesidades por sus respuestas, y también comenzamos a comprender que la mayoría de las cosas que necesitamos no solamente se mostrarán por defecto. Las necesidades se satisfacen yendo al lugar donde tales necesidades están disponibles. Por ejemplo, si tiene algo de dinero y necesita alimentos, tendrá que ir a la tienda de comestibles para un intercambio. Orar es como aparecer en el lugar de la abundancia. Me gustaría señalar que la fe en Dios es su medio de intercambio. Esta es la esencia de los siguientes puntos del libro de oraciones; son para ayudar, elevarlo y agregar valor a su fe.

(Hebreos 4:16) Acerquémonos, pues, confiadamente al trono de la gracia, para alcanzar misericordia y hallar gracia para el oportuno socorro.

PUNTO DE ORACIÓN

➢ Eliminar todos los obstáculos a este gran intercambio.

➢ Eliminar todo miedo al rechazo.

➢ Eliminar toda timidez del alma y el espíritu.

➢ Eliminar todas las nociones preconcebidas de cómo Dios le responderá.

➢ Recibir y abrir las líneas para una mejor comunicación.

➢ Restablecer su confianza en la Gracia de Dios.

➢ Restablecer su confianza en las misericordias de Dios.

➢ Restablecer su confianza en la provisión de Dios.

Capítulo 3

La Oración Es Una Actividad Espiritual

La actividad es la condición en la que las cosas suceden o se hacen. Esto me recuerda a hacer ejercicio en el gimnasio, es un sonido de actividad. Todos están activos en las diferentes partes de su estructura corporal de acuerdo con el plan de ejercicio del día.

Algo está sucediendo mientras oramos; es una actividad en los reinos espirituales. No es un ejercicio mental; es una empresa espiritual. No solo está haciendo sonidos vocales, sino que mientras verbaliza y se expresa en el lugar de la oración, hay actividad espiritual en función de sus necesidades específicas de oración.

Otros sinónimos son búsqueda, ocupación, empresa, negocio, emprendimiento y proyecto. Si podemos comenzar a ver la oración desde tal intención y plataforma elevada, una que exige consistencia y crecimiento, entonces todo nuestro paradigma se convertirá en un deseo más proactivo en lugar de una búsqueda pasiva.

Es una actividad gratificante, con beneficios tanto espirituales como naturales. Como actividad espiritual, es el único medio por el que puede desarrollar sus músculos espirituales por así decirlo.

Pero vosotros, amados, edificándoos sobre vuestra santísima fe, orando en el Espíritu Santo. Judas 1:20.

Estas son las palabras del rey David. Es el líder mundial más exitoso y el rey más grande que Israel haya tenido. Su éxito puede atribuirse a sus hazañas espirituales por su deseo de estar en el templo de Dios para buscar el rostro de Dios en oración.

Salmos 27:4. Una cosa he demandado a Jehová, esta buscaré; que esté yo en la casa de Jehová todos los días de mi vida, para contemplar la hermosura de Jehová, y para inquirir en su templo.

Capítulo 4

La Oración Está Ejercitando Su Autoridad Espiritual

e gusta la definición que Google le dio a la palabra Autoridad. Establece, "el poder de dar órdenes o tomar decisiones: el poder o el derecho de dirigir o controlar a alguien o algo. La calidad de confianza de alguien que sabe mucho sobre algo o que es respetado u obedecido por otras personas.

Génesis 1:26. Entonces dijo Dios: hagamos al hombre a nuestra imagen, conforme a nuestra semejanza; y señoree en los peces del mar, en las aves de los cielos, en las bestias, en toda la tierra, y en todo animal que se arrastra sobre la tierra.

Del versículo bíblico anterior, obtenemos la sabiduría de que el plan original de Dios para la humanidad no era solo tener dominio natural de la tierra sino también dominio espiritual. La humanidad estaba encerrada en Adán cuando Dios comisionó al hombre para tener dominio sobre toda la tierra.

En la oración, ejercemos estos poderes y privilegios espirituales para dar y tomar una decisión con respecto a las cosas que necesitamos lograr para Dios en la tierra. La oración es la clave para establecer abiertamente el control sobre los planes y la estrategia del enemigo.

Lucas 10:19 Miren, les he dado autoridad para pisotear sobre serpientes y escorpiones, y sobre todo el poder del enemigo, y nada les hará daño. NBLA

La oración también es donde usamos nuestro poder absoluto para obtener resultados. El texto a continuación habla de cómo se libera un tremendo poder en el lugar de oración. Hay una fuerte comisión de dominio cuando se trata de gobernar y reinar con Dios. Su intención es que suba al lugar de autoridad sobre las fuerzas del mal y traiga el reino de Dios a la tierra.

(Santiago 5:16) Confiesen el uno al otro, por lo tanto, sus faltas (sus resbalones, sus pasos falsos, su ofensa, sus pecados) y OREN [también] unos a otros para que puedan ser sanados y restaurados [a un tono espiritual de mente y corazón]. La oración ferviente ((sincera, continuada) de un hombre justo pone a disposición un tremendo poder [dinámico en su funcionamiento]. NBLA

PUNTO DE ORACIÓN

➢ ¡Entro en mi oficina de poder absoluto AHORA MISMO!

➢ Paso a mi derecho a pedir al cielo.

➢ Entro en mi lugar secreto con mi Padre celestial.

➢ Paso a usar mi poder notarial para usar el nombre de Jesús.

➢ Entro en el reino de mi alta vocación.

➢ Intento pronunciar un juicio sobre el enemigo.

➢ Intento usar mi poder para reinar en Cristo.

➢ Doy un paso para anunciar mi posición en Cristo.

➢ ¡Intento usar la LLAVE MAESTRA hoy de autoridad absoluta!

(Mateo 16:19) Y a ti te daré las llaves del reino de los cielos; y todo lo que atares en la tierra será atado en los cielos; y todo lo que desatares en la tierra será desatado en los cielos.

Capítulo 5

La Oración Esta Establece Tu Marca En El Mapa En La Tierra

La oración es establecer un negocio o una empresa que durará mucho tiempo. También está teniendo una base permanente. ¿Quiere dejar un legado? ¿Quiere ver cuáles son sus establecimientos, dejar una marca que no se pueda borrar? ¿Quiere cambiar en vivo para el Reino? Entonces la oración le da el acceso.

Dios le llamó a Su reino para establecer la obra de sus manos. Él le llamó para ser exitoso y traer permanencia a tal éxito.

(Juan 15:16) No me elegisteis vosotros a mí, sino que yo os elegí a vosotros, y os he puesto para que vayáis y llevéis fruto, y vuestro fruto permanezca; para que todo lo que pidiereis al Padre en mi nombre, él os lo dé.

"Que tu fruto se quede". Dios quiere que su pueblo experimente una estabilidad sobrenatural en un mundo que parece que nada es seguro. Sin embargo, en su reino, su visión de usted es que su fruto permanece. En todo lo que logra, ya sea ganar almas, negocios del reino, relaciones, familia e iglesia, Dios desea que se establezca.

Daniel 12:3... Los entendidos resplandecerán como el resplandor del firmamento; y los que enseñan la justicia a la multitud, como las estrellas a perpetua eternidad.

Mateo 7:24-27 Cualquiera, pues, que me oye estas palabras, y las hace, le compararé a un hombre prudente, que edificó su casa sobre la roca. Descendió lluvia, y vinieron ríos, y soplaron vientos, y golpearon contra aquella casa; y no cayó, porque estaba fundada sobre la roca. Pero cualquiera que me oye estas palabras y no las hace, le compararé a un hombre insensato, que edificó su casa sobre la arena; y descendió lluvia, y vinieron ríos, y soplaron vientos, y dieron con ímpetu contra aquella casa; y cayó, y fue grande su ruina.

Capítulo 6

La Oración Es Cómo Movemos Las Cosas Alrededor Del Espíritu Para Afectar Las Cosas Físicas

a Ley del movimiento establece que todas las cosas permanecen en reposo hasta que se aplica una fuerza. Es un hecho que las cosas solo pueden moverse cuando se aplica una cierta fuerza. Este mismo principio se aplica a las cosas espirituales. El diablo y sus cohortes son fuerzas demoníacas invisibles y utilizan materiales espirituales demoníacos, estrategias y equipos en su esfuerzo por detener y contener a las personas en todos los aspectos de la vida.

Efesios 6:12 Porque no tenemos lucha contra sangre y carne, sino contra principados, contra potestades, contra los gobernadores de las tinieblas de este siglo, contra huestes espirituales de maldad en las regiones celestes.

Por lo tanto, su oración es un elemento poderoso para mover las cosas espirituales dentro o fuera del lugar, según sea el caso. Cuando ora, le da a Dios la oportunidad de moverse por usted. Al encargar la ministración angelical para mover las fuerzas del mal, creando olas de poder que destruyen los contenedores espirituales. La escritura apunta a:

Hechos 4:31... Cuando hubieron orado, el lugar en que estaban congregados tembló; y todos fueron llenos del Espíritu Santo, y hablaban con denuedo la palabra de Dios

> *"El lugar tembló". El sumo sacerdote y la autoridad estaban tratando de contener y restringir la difusión del Evangelio, pero gracias a Dios por las oraciones. Unos momentos antes de sus oraciones, se les advirtió a los Apóstoles que no predicaran abiertamente sobre Jesús. Fueron reprendidos, azotados y amenazados. Se liberó un espíritu opresivo sobre ellos, que necesitaba ser movido hacia arriba y lejos del grupo. Después de las oraciones, el espíritu opresivo fue movido y reemplazado por el espíritu de valentía.*

PUNTOS DE ORACIÓN

➢ Por Fe, ordeno con fuerza todo el tráfico del mal que se detenga y sea redirigido al infierno.

➢ Por Fe, ordeno con fuerza todo movimiento de informe maligno para apoderarse y redirigirse al infierno.

➢ Por Fe mando con fuerza y me muevo de la montaña del fracaso y las decepciones al infierno.

➢ Por Fe, ordeno con fuerza y me muevo de la montaña de la vergüenza y la desgracia al infierno.

➢ Por Fe mando con fuerza y me muevo de la montaña de la pobreza y la falta de enfermedades al infierno.

Capítulo 7

La Oración Es Una Actividad Espiritual Con Consecuencias Naturales

La consecuencia es un resultado, una consecuencia. Por lo general, un efecto que es realmente desagradable y no deseado, pero está ahí. Cuando participamos en la oración activa, con el entendimiento de que la oración es una actividad espiritual activa que es rentable, que le da tiempo y lugar, Satanás comienza a recibir las consecuencias de su acción en nuestros asuntos.

Cuando reza en el espíritu, las cosas naturales cambian. Liberamos el poder del juicio de Dios contra las fuerzas como enfermedad, depresión, ansiedad, miedo y todo dolor causado tanto por la naturaleza como por el enemigo.

1Reyes18:42-44... Acab subió a comer y a beber. Y Elías subió a la cumbre del Carmelo, y postrándose en tierra, puso su rostro entre las rodillas. Y dijo a su criado: sube ahora, y mira hacia el mar. Y él subió, y miró, y dijo: no hay nada. Y él le volvió a decir: vuelve siete veces. A la séptima vez dijo: yo veo una pequeña nube como la palma de la mano de un hombre, que sube del mar. Y él dijo: ve, y di a Acab: unce tu carro y desciende, para que la lluvia no te ataje.

Cuando oramos en el espíritu, la historia se ve afectada. En lugar de la oración, podemos reescribir lo que no estaba en línea con la palabra de Dios. El reino natural está conectado con lo espiritual y lo espiritual también está gobernado por él. Por lo tanto, los cambios o ciertos movimientos en el ámbito espiritual influyen en un efecto notable en lo natural. La escritura declara que la palabra de Dios mantiene todo el universo en su lugar. (Hebreos 1: 3). Qué privilegio entender, Dios ha dado para poner tal privilegio a disposición del creyente. Con tal poder de oración, el creyente puede comenzar a traer el consejo de Dios a la historia.

- Al orar, Moisés cambió el curso de la historia. Un hombre se conectó con Dios en el lugar de oración y sacó del cautiverio a más de 3 millones de esclavos y los convirtió en una nación de hombres libres. Su gente lo conocía como alguien que pasará largos períodos de tiempo en la montaña, comunicándose con Dios. La escritura confirma esto, cuando Dios habló de Moisés, habiéndole hablado con él cara a cara (Éxodo 33:11 / Números 12:8).

- Al orar, Josué cambió el curso de la historia. En la batalla con los cinco reyes sobre el valle de Adjalon, la naturaleza respondió a las oraciones de Josué, mientras conducía a su ejército a la victoria sobre 5 reyes que se enfrentaron a su aliado, los gabaonitas. Josué 10:12-13... El día que el SEÑOR entregó a los amorreos a Israel, Josué dijo al SEÑOR en presencia de Israel. "Sol, quédate quieto sobre Gabaón, y tú, luna, sobre el Valle de Aijalón". Entonces el sol se detuvo y la luna se detuvo, hasta que la nación se vengó de sus enemigos, como está escrito en el Libro de Jashar. El sol se detuvo en medio del cielo y retrasó la caída de un día completo.

- Por la oración, Elijah cambió el curso de la historia. Durante el transcurso de tres años y seis meses no se registraron lluvias en Israel porque Elijah había rezado. Fue movido en los reinos del espíritu para oponerse al reinado del rey Acab y su esposa Jezabel. La pareja ha permitido que la injusticia a través de la idolatría absorba gradualmente todas las telas de la vida del pueblo santo de Dios. Santiago 5:17 Elías era un hombre con limitaciones semejantes a las nuestras. Pero oró con fervor para que no lloviera, y durante tres años y seis meses no llovió sobre la tierra. RVC.

- Al orar, Eliseo cambió el curso de la historia. Esto fue cuando Eliseo hizo que el hacha se inundara en el agua, desafiando la naturaleza misma de la flotación. En lo natural, el metal que no está construido para flotar se hundirá hasta el fondo y permanecerá allí. Sin embargo, Eliseo hizo una oración con una cabeza de hacha en el fondo de un río para flotar de regreso a la superficie.

- Al orar, Jesús cambió el curso de la historia. Jesús es la pieza central de la historia. El poco tiempo que pasó en la tierra fue tan impactante hasta el punto en que nuestro calendario se fijó en su tiempo en la tierra.

Capítulo 8

La Oración Está Creando Un Altar Para Dios En Los Lugares De La Tierra

os altares son lugares sagrados donde los espíritus y los humanos se encuentran. Es el lugar donde divinos y mortales interactúan para establecer la ley y el orden. Son lugares de convenios sobrenaturales sellados con sangre, que solo se pueden romper con sangre.

> *(Génesis 12:7)... Y apareció Jehová a Abram, y le dijo: a tu descendencia daré esta tierra. Y **edificó allí un altar a Jehová**, quien le había aparecido.*

Cualquier lugar donde se lleven a cabo oraciones consistentes, se convierte en un lugar sagrado o en un local de descanso para el Espíritu de Dios. La Iglesia nunca deja de sorprenderme, porque es un lugar de encuentro para el diálogo entre la divinidad y la humanidad. Es cierto que cualquier lugar puede convertirse en un altar, siempre que sea un lugar de oraciones predominantes. No hablar de una casa dedicada al servicio de Dios. Es por eso por lo que los edificios de la iglesia son importantes y la clave para el renacimiento local a nacional.

Hay diferentes niveles de altar:

1. El nivel personal
2. Nivel de grupo
3. Nivel local
4. Regional
5. Nacional
6. Global

Los altares se mencionan a menudo en la Biblia y pueden representar muchas cosas diferentes. Son lugares de encuentro, perdón, oración, adoración, pacto y recuerdo. Donde hay un altar, Dios puede alterar la historia de cualquiera. Es también un lugar de transformación. Fue en la montaña donde Dios llevó a sus apóstoles a orar y su vestido se transfiguró.

> *Lucas 9:28... Aconteció como ocho días después de estas palabras, que tomó a Pedro, a Juan y a Jacobo, y subió al monte a orar.*

Noé construyó un altar con su familia después del diluvio e hizo un sacrificio. Entonces, Dios hizo un pacto con él y sus descendientes. (Génesis 8-9)

Abram construyó un altar después de que Dios le hizo la promesa del pacto de que entregaría la tierra de Israel a los descendientes de Abram. (Génesis 13)

Isaac construyó un altar después de que volvió a cavar los pozos de su padre y Dios confirmó su bendición del pacto a Isaac debido a su promesa a su padre, Abram. (Génesis 26)

Jacob construyó un altar después de que Dios cambió su nombre a Israel e hizo las paces con su hermano, Esaú. (Génesis 31-33)

Josué construyó un altar con piedras conmemorativas cuando los Hijos de Israel cruzaron el río Jordán llevando el Arca. (Josué 4)

Moisés construyó un altar después de escribir la Torá y Dios hizo un pacto con los hijos de Israel. (Éxodo 24)

Estos son solo algunos ejemplos de personas construyendo altares a lo largo de la antigüedad que representan la ocasión y el lugar donde tuvieron un encuentro personal con Dios.

¿POR QUÉ ORAMOS?

Capítulo 9

Oramos Porque Vivimos En Un Mundo Espiritual

a sea salvados o no, todos vivimos en un mundo espiritual, y esto requiere interacciones y conflictos espirituales. (Efesios 2: 2-3) ... **palabras clave - 1. según 2. Conversación.** Hay personas que están en una batalla, pero no tienen idea de que lo están: estas personas se convierten en víctimas espirituales. Piensan que, si se quitan la guerra espiritual de sus mentes, se liberarán de ella. En su razonamiento, si no participan, serán excusados. Para ellos, el pensamiento positivo hará que todo esté bien. Estoy tan contento de que sepamos la verdad.

Efesios 6:12... Porque no tenemos lucha contra sangre y carne, sino contra principados, contra potestades, contra los gobernadores de las tinieblas de este siglo, contra huestes espirituales de maldad en las regiones celestes.

La escritura nos iluminó aún más diciendo en 1 Juan 5:19... Sabemos que somos de Dios, y **el mundo entero está bajo el maligno**. Esto significa que, mientras viva en este mundo, hay algo de maldad cerca de su puerta y su objetivo es infligir heridas espirituales que pueden terminar siendo fatales.

La verdad es que no somos solo cuerpo y alma (mente), sino que también somos seres espirituales. El pensamiento positivo por sí solo no resistirá los dispositivos del enemigo. Entonces, debemos ser sabios en cuanto al espíritu y no hacer provisiones para la carne. (Romanos 13:14): sino vestíos del Señor Jesucristo, y **no proveáis para los deseos de la carne**.

a. **DIOS ES ESPÍRITU**. Juan 4:25... Le dijo la mujer: Sé que ha de venir el Mesías, llamado el Cristo; cuando él venga nos declarará todas las cosas. 1 Corintios 14:2... Porque el que habla en lenguas no habla a los hombres, sino a Dios; pues nadie le entiende, aunque por el Espíritu habla misterios.

b. **EL ESPÍRITU SANTO ES ESPÍRITU**. Juan 16:13 Pero cuando venga el Espíritu de verdad, él os guiará a toda la verdad; porque no hablará por su propia cuenta, sino que hablará todo lo que oyere, y os hará saber las cosas que habrán de venir.

c. **JESÚS ES CONOCIDO POR EL ESPÍRITU**. 2 Corintios 5:16.... De manera que nosotros de aquí en adelante a nadie conocemos según la carne; y aun si a Cristo conocimos según la carne, ya no lo conocemos así. Hechos 9:5... Él dijo: ¿Quién eres, Señor? Y le dijo: Yo soy Jesús, a quien tú persigues; dura cosa te es dar coces contra el aguijón.

d. **LOS ÁNGELES SON ESPÍRITU**. Salmos 104:4... El que hace a los vientos sus mensajeros, y a las flamas de fuego sus ministros: Hebreos 1:14... ¿No son todos espíritus ministradores, enviados para servicio a favor de los que serán herederos de la salvación?

e. **SATÁN ES UN ESPÍRITU**. Juan 13:27... Y después del bocado, Satanás entró en él. Entonces Jesús le dijo: Lo que vas a hacer, hazlo más pronto.

f. **LAS BENDICIONES SON ESPIRITUALES** (Efesios 1:3): Bendito sea el Dios y Padre de nuestro Señor Jesucristo, que nos bendijo con toda bendición espiritual en los lugares celestiales en Cristo. (Lea Mateo 21:21 / Marcos 11:23)

g. **LA IGLESIA ES ESPIRITUAL** 1 Pedro 2:5... vosotros también, como piedras vivas, sed edificados como casa espiritual y sacerdocio santo, para ofrecer sacrificios espirituales aceptables a Dios por medio de Jesucristo.

h. **LA PALABRA ES ESPÍRITU**. Juan 6:63... El espíritu es el que da vida; la carne para nada aprovecha; las palabras que yo os he hablado son espíritu y son vida. Ezequiel 2:2... Y luego que me habló, entró el Espíritu en mí y me afirmó sobre mis pies, y oí al que me hablaba.

i. **LA ADORACIÓN EN CANCIONES, DANZA E INSTRUMENTO ES EL SERVICIO ES ESPIRITUAL**... Efesios 5:19... hablando entre vosotros con salmos, con himnos y cánticos espirituales, cantando y alabando al Señor en vuestros corazones. Salmos 33:3... Cantadle cántico nuevo; Hacedlo bien, tañendo con júbilo. Salmos 149:3... Alaben su nombre con danza; con pandero y arpa a él canten. Éxodo 40:9... Y tomarás el aceite de la unción y ungirás el tabernáculo, y todo lo que está en él; y lo santificarás con todos sus utensilios, y será santo.

j. **EL HOMBRE SE HACE PARA SER EL ESPÍRITU SUPERVISOR DEL PLANETA**. Génesis 1:26... Entonces dijo Dios: Hagamos al hombre a nuestra imagen, conforme a nuestra semejanza; y señoree en los peces del mar, en las aves de los cielos, en las bestias, en toda la tierra, y en todo animal que se arrastra sobre la tierra.

La humanidad está construida no solo para participar en este entorno súper espiritual, sino que debe gobernarlo. Es a través de la oración y participando en la revelación del reino espiritual que podemos cumplir plenamente nuestra tarea.

Capítulo 10

ORAMOS PARA ENTRAR EN LOS REINOS DEL PODER CON DIOS

En la oración, respondes al llamado de Dios para gobernar y reinar con Él en autoridad. Cuando oramos, accedemos al poder divino…

1 Pedro 5:11… A él sea la gloria y el imperio por los siglos de los siglos. Amén. RVR

Salmos 62:11… Una vez habló Dios; dos veces he oído esto: que de Dios es el poder

Entonces, mientras oramos, descubrimos y desarmamos los poderes de la oscuridad. Al orar, detenemos sus planes de crear aún más oscuridad en los reinos terrenales mediante la liberación de las fuerzas de la luz. El lenguaje de la fuerza es el único idioma que Satanás entiende. Él es inflexible y persistente, por lo tanto, reza para exudar una fuerza poderosa para repelerlo. Jesús confirma los poderes del enemigo en esta declaración.

Lucas 10:19... He aquí os doy potestad de hollar serpientes y escorpiones, y sobre toda fuerza del enemigo, y nada os dañará. RVR

En la oración, tenemos acceso al amor de Dios; a diferencia del amorío de Saúl que era demasiado pesado para que David lo usara para la batalla con Goliat; el amor de Dios es perfecto para el creyente que se atreve a entrar en los reinos de la oración. Este es el amor de la luz y la verdad. La revelación de quién es Dios y el plan que ÉL tiene para el mundo. ¿Tienes ganas de ponerte esta poderosa armadura? Luego, pasa a los reinos de la oración.

(Efesios 6:11): Vestíos de toda la armadura de Dios, para que podáis estar firmes contra las asechanzas del diablo. (Asechanzas SIGNIFICA esquemas buscados para engañar y destruir...) Romanos 13:12... La noche está avanzada, y se acerca el día. Desechemos, pues, las obras de las tinieblas, y vistámonos las armas de la luz.

Aunque Satanás tiene ciertos poderes, los creyentes pueden estar en el poder de Dios para comprometerse. Este poder que el creyente ha sido dotado es de Dios para dejar sin poder todas las fuerzas que el infierno puede reunir. Es en tu oración que se libera su autoridad divina. Es en oración, caminas en la victoria de Dios.

Capítulo 11

CUANDO ORAMOS, PODEMOS DESTRUIR TRABAJOS DE OSCURIDAD

s en el lugar de continuar la oración que Jesús tuvo la victoria sobre el enemigo; terminó su trabajo con gran éxito. Usted también lo hará.

El diccionario define destruir como dañar algo tan gravemente que no se puede usar. La palabra de Dios nos presenta el hecho de que Jesús vino a destruir las obras de Satanás. El trabajo o estrategia principal es mantener al creyente contenido y limitado. Incapaz de expresar completamente toda la gloria de Dios y estallar en toda la gloria que reside en creer en Cristo. ¿Permitirá que le mantenga contenido y limitado?

1 Juan 3:8... El que practica el pecado es del diablo; porque el diablo peca desde el principio. Para esto apareció el Hijo de Dios, para deshacer las obras del diablo. RVR1960

Las escrituras muestran una miríada de casos donde Satanás se desliza para mentir o engañar a las personas para que vayan en contra de los planes de Dios. Por ejemplo, Adán y Eva se eliminaron completamente, por supuesto, por un error. David causó la muerte de setenta mil hombres porque Satanás se enfrentó a Israel y provocó que David contara a Israel (1 Crónicas 21:1,14). También experimentamos a Judas que Satanás se llenó para traicionar a nuestro Señor y Salvador Jesucristo. Estos fueron los intentos de Satanás de tirar un palo en la rueda, para descarrilar el plan de Dios para estos hombres. Gracias a Dios, él falló en todo su intento y mi oración es que él también falle en su vida.

Cuando nos negamos a orar, caminamos bajo la impresión de que todo está bien, pero la oración expone estas obras de Satanás. Las obras de la oscuridad simplemente implican que normalmente no verá su trama en los ojos naturales, ni podrá sentirlo cognitivamente. Por lo tanto, necesita conocimiento de revelación para inundar su espíritu en oración, para potenciar su decisión y acciones.

El error que cometemos en la vida se puede evitar si solo estamos iluminados y conocemos los pasos correctos a seguir en medio de miles de opciones. Pasar más tiempo en oración le abrirá el ojo espiritual y las obras de oscuridad ya no pueden ser una práctica placentera.

> *Juan 1:9... Aquella luz verdadera, que alumbra a todo hombre, venía a este mundo. RVR*

Empoderar significa dar a alguien una autoridad oficial, o la libertad de hacer algo. La libertad de destruir las obras de la oscuridad, que podría ser, tomar la decisión equivocada, caminar en una suposición equivocada, albergar sentimientos sospechosos o la tentación de impaciencia y ataque por irritación. Es en oración que se puede acceder a un fuerte poder de resistencia contra el trabajo de la oscuridad, para destruir ese ataque y romper esos contenedores malvados.

Capítulo 12

ORAMOS PARA ABRIR LAS PUERTAS DE LA PRISIÓN PARA LAS PERSONAS DETENIDAS DETRÁS DE SUS YO ESPIRITUALES

Hay algo especial en orar por los demás. Al rezar por los demás, vemos que el poder del enemigo se debilita y finalmente se vuelve redundante al retener a las personas en la oscuridad. Muchas personas quieren servir a Dios en Cristo pero se mantienen continuamente en patrones y círculos malvados. En lo natural, las personas están encerradas en cárceles, algunas por períodos cortos pero otras de por vida.

También es lo mismo en el espíritu. El mundo entero fue puesto bajo la sentencia de muerte. Encarcelado y retenido por un malvado carcelero, sin tener planes de liberar a la humanidad. En este estado de cosas, Satanás también tenía don, talento y todo tipo de bendiciones dadas por Dios en las cárceles espirituales. Entonces Jesús entró y pagó el precio de la humanidad con su muerte sacrificial. Los hombres que creen pueden ser liberados y verdaderamente llegar a la vida divina con Dios.

El siguiente texto se refiere al enemigo como un carcelero que no tiene intención de dejar libre su prisión.

> *¿Capturó cada ciudad y convirtió la tierra en un desierto? ¿Es él el que se negó a dejar que los prisioneros se fueran a casa?*

La violencia, la inmoralidad, la corrupción, la injusticia, la depresión y la opresión, por mencionar algunas, son algunas cárceles espirituales que el enemigo aún aplica a la vida de las personas. Manteniéndolos contenidos en prisiones donde no pueden ver los potenciales encerrados dentro. Solo pueden ser liberados por la oración de persistencia de otros que son libres. Así como hay procesos legales y protocolos involucrados en la liberación de un prisionero, orar es un protocolo espiritual. Cuando una iglesia ora, la gente de la comunidad comenzará a experimentar mayores niveles de libertad. El ladrón no viene sino para hurtar y matar y destruir; yo he venido para que tengan vida, y para que la tengan en abundancia. (Juan 10:10)

> *Ore y sáquelos de cada contenedor demoníaco.*

> *Ore y rompa todos los contenedores malvados que rodean su llamado hoy.*

> *Ore y rompa cada contenedor malvado que rodea su crecimiento emocional hoy.*

Ore y rompa cada contenedor malvado que rodea a su linaje familiar hoy.

Ore y rompa cada contenedor malvado que rodea la herencia de su familia hoy.

Ore y rompa cada contenedor malvado que rodea a sus hijos no salvos, esposa, esposo hoy.

Ore y exija la sangre de Jesús como su rescate legal por la liberación.

Ore y rompa su talento y regalo de cada círculo de alianzas malvadas, amigos y fanáticos.

Ore y rompa todas las cadenas que retienen el brazo del Señor de su vida en Jesús.

Capítulo 13

Oramos Para Construir Nuestras Reservas Espirituales

"... Levántate y come para el viaje es demasiado bueno para ti".

Demasiadas personas esperan momentos de luchas y pruebas antes de pensar en sus reservas espirituales. El tanque de combustible de un automóvil está diseñado con una marca de reserva especial. Por lo tanto, cada vez que llenamos el tanque, llenamos la reserva primero. Del mismo modo, en oración, remontamos nuestra reserva espiritual. Es posible que no tenga nada de qué preocuparse o luchar en este momento, sin embargo, rezar como práctica es un medio de llenar su reserva solo en caso de necesidad futura.

El diccionario define reservar como guardar algo para un propósito o tiempo particular. Si uno reserva algo, es para usarlo en el futuro. Entonces, en oración, podemos construir una reserva espiritual que terminaremos necesitando algún día. La oración funciona de la misma manera. A menudo, cuando oramos, es posible que no estemos orando con respecto a lo que necesitamos en este momento. Este es el privilegio que tenemos como creyentes, estamos dando el privilegio de reservar el favor espiritual en nuestra vida para ser utilizado en el futuro.

El principio en el texto a continuación lo alentará a orar incluso cuando no vea manifestación. Reserve cosas en la nube con su oración, reserve semillas en el suelo de su corazón. Manténgalo muy húmedo en la oración y disfrutará del fruto en los próximos tiempos.

> *Eclesiastés 11:1-4 Echa tu pan sobre las aguas; porque después de muchos días lo hallarás. Reparte a siete, y aun a ocho; porque no sabes el mal que vendrá sobre la tierra. Si las nubes fueren llenas de agua, sobre la tierra la derramarán; y si el árbol cayere al sur, o al norte, en el lugar que el árbol cayere, allí quedará. El que al viento observa, no sembrará; y el que mira a las nubes, no segará.*

Hubo un tiempo en que una jovencita compartió su historia conmigo. Escuché con alegría mientras hablaba sobre cómo el Señor la había bendecido y, en su mente, no podía recordar cuándo realmente le había pedido a Dios en oración por ello. Compartí con ella que Dios no hace acepción de personas y que no hay bendición con una expectativa o una solicitud. En su tiempo de oración, debe haber reservado su bendición y nunca lo supo.

Hubo un momento en que llegué a casa después de un viaje y mi esposa señaló un paquete y dijo "cariño, esto llegó en el correo para ti" y no podía recordar cuándo lo pedí. Dios no olvida todo lo que pedimos, pensamos o imaginamos. Prometió responder y lo hará. La escritura dice: Él nunca olvida un trabajo de amor.

Punto de oración

- ➤ Agradezco su poder de recuerdo.
- ➤ Su providencia está trabajando para mí en este momento.
- ➤ Gracias, recibo la entrega de mi porción.
- ➤ Rompo el sello y los recipientes alrededor de todas las bendiciones con mi nombre.

Capítulo 14

Nosotros Oramos Para Quemar La Grasa Y La Carne

Quemar algo es lastimarse, dañarse o destruirse por fuego o calor extremo. La carne está en el Nuevo Testamento con un significado espiritual más refinado.

Levítico 6:12... Y el fuego encendido sobre el altar no se apagará, sino que el sacerdote pondrá en él leña cada mañana, y acomodará el holocausto sobre él, y quemará sobre él las grosuras de los sacrificios de paz.

En el Nuevo Testamento, la carne se refiere a la mente carnal. Un creyente que todavía coquetea con las ideologías mundanas y que a menudo está de acuerdo con esto se denominará carnal y tendrá una mente carnal.

Romanos 8:5... Porque los que son de la carne piensan
en las cosas de la carne; pero los que son del Espíritu,
en las cosas del Espíritu.

En esta mentalidad, el individuo a menudo se desviará fácilmente de la forma en que Dios ve y hace las cosas para motivarse por la lujuria de la vida. La carne es un poder que contiene fuerza que abrirá una brecha entre usted y el Espíritu Santo. Puede ser un cristiano profeso, pero los frutos, la manifestación del espíritu no se activarán en su vida. Contiene gran cantidad de dones en el cuerpo de Cristo por explotar en gracia y poder.

En la oración, comenzamos a herir, dañar o destruir tales tendencias para dominar nuestros sentimientos y deseos. Solo en oración, podemos ver más de quiénes somos y los problemas que se encuentran en lo profundo de nuestra alma. La orden del sacrificio fue ordenada por Dios para ser colocada en el altar y quemada con fuego.

Todas las mañanas, el sacerdote quemará leña en el fuego. Él debe organizar la ofrenda quemada en el fuego y quemar las grandes porciones de las ofrendas de la comunidad.

Esto se altera en los nuevos testamentos, es el alter de nuestro corazón en la oración.

> *Romanos 12:11... En lo que requiere diligencia, no perezosos; fervientes en espíritu, sirviendo al Señor.*

Ferviente transmite la actitud de ser ardiente, ardiendo y quemando con extrema pasión por la oración y la palabra de Dios. La verdadera comprensión es mantenerse en llamas en el servicio de Dios. Este es el lugar de oración ferviente donde se extingue la grasa, la carne y la carnalidad.

> *Hechos 12:5... Así que Pedro estaba custodiado en la cárcel; pero la iglesia hacía sin cesar oración a Dios por él. BLB*

Capítulo 15

Oramos Para Crear La Atmósfera Para El Milagro

El ambiente es clave para la forma en que ocurren los avances de las bendiciones y los milagros. Hay muchas definiciones de la palabra atmósfera, pero realmente me bendijo; el aire que respira en un lugar: también puede referirse al carácter, sentimiento o estado de ánimo de un lugar o situación.

Los milagros necesitan cierta atmósfera para manifestarse realmente. En la escritura, había un hombre ciego que Jesús tuvo que llevar a su pueblo antes de que pudiera comenzar el proceso de curación. Es obvio que Jesús necesitaba una cierta atmósfera para que se manifestara el milagro.

Marcos 8:23... Entonces, tomando la mano del ciego, le sacó fuera de la aldea; y escupiendo en sus ojos, le puso las manos encima, y le preguntó si veía algo.

La oración provoca tal ambiente en las casas, en las iglesias e incluso en toda una región. En un entorno de culto cooperativo, la atmósfera para los milagros siempre se experimentará después de un período de oraciones persistentes. En el libro de los Hechos, a menudo el tiempo, el lugar estará cargado por la presencia de Dios después de un período de oración.

> *Hechos 2: 1-4... Cuando llegó el día de Pentecostés, estaban todos unánimes juntos. Y de repente vino del cielo un estruendo como de un viento recio que soplaba, el cual llenó toda la casa donde estaban sentados; y se les aparecieron lenguas repartidas, como de fuego, asentándose sobre cada uno de ellos. Y fueron todos llenos del Espíritu Santo, y comenzaron a hablar en otras lenguas, según el Espíritu les daba que hablasen.*

> *Hechos 4:31... Cuando hubieron orado, el lugar en que estaban congregados tembló; y todos fueron llenos del Espíritu Santo, y hablaban con denuedo la palabra de Dios.*

En cierto momento en el ministerio de Pablo, la Biblia registró varios conflictos en los que Pablo quedó atrapado. En uno de esos conflictos, en realidad fue apedreado hasta el punto en que pensaron que estaba muerto y lo dejaron como tal. Cuando el santo encontró su cuerpo, hicieron un círculo alrededor de él, ya que estaba creando una atmósfera para lo milagroso, por lo que Pablo tuvo una recuperación sobrenatural.

> *Hechos 14:19-20... Entonces vinieron unos judíos de Antioquía y de Iconio, que persuadieron a la multitud, y habiendo apedreado a Pablo, le arrastraron fuera de la*

ciudad, pensando que estaba muerto. Pero rodeándole los discípulos, se levantó y entró en la ciudad; y al día siguiente salió con Bernabé para Derbe.

La oración puede transformar cualquier lugar o situación en una atmósfera espiritual vibrante, permitiendo que Dios brote y rompa todos los factores que lo contienen. ¿Qué sucede en la oración cuando provoca un cambio en la atmósfera? ¡Siga leyendo en el próximo subcapítulo!

Capítulo 16

ORAMOS PARA LIBERAR LA PARTICIPACIÓN ANGÉLICA

ay ciertas dinámicas que tienen lugar cuando los santos rezan. En el libro de revelaciones, dijo cómo la oración del santo se mezcla con el incienso que asciende en el altar de la mano de un ángel.

Apocalipsis 8:3-4. Otro ángel vino entonces y se paró ante el altar, con un incensario de oro; y se le dio mucho incienso para añadirlo a las oraciones de todos los santos, sobre el altar de oro que estaba delante del trono. Y de la mano del ángel subió a la presencia de Dios el humo del incienso con las oraciones de los santos.

La participación se refiere a usted, en involucrarse en algo y asumir su responsabilidad para garantizar el éxito de una cosa o proyecto. Justo cuando el libro de Marcos terminaba diciendo... Marcos 16: 20

Y ellos, saliendo, predicaron en todas partes, ayudándoles el Señor y confirmando la palabra con las señales que la seguían. Amén. RVR

Jesús participó por medio del Espíritu Santo en su predicación y enseñanza de la Palabra. Así también, a medida que comenzamos la oración de la atmósfera hacia lo milagroso, la palabra angelical atrae la fuerza angelical a las voces de la oración.

> *Daniel 10:12. Entonces me dijo: Daniel, no temas; porque desde el primer día que dispusiste tu corazón a entender y a humillarte en la presencia de tu Dios, fueron oídas tus palabras; y a causa de tus palabras yo he venido.*

Esta visita presenta una clara indicación de participación angelical en el lugar de oración. Daniel recibió una visita de las fuerzas angelicales cuando había creado la atmósfera lo suficientemente propicia. Es una atmósfera tal que desencadena lo sobrenatural: el reino angelical es tan real como los reinos naturales; son altamente activos en el servicio al Señor. En el libro de los Salmos, revela cómo los ángeles sobresalen en la palabra de Dios.

> *Salmos 103:20... Bendecid a Jehová, vosotros sus ángeles, Poderosos en fortaleza, que ejecutáis su palabra, Obedeciendo a la voz de su precepto.*

Estos son los instigadores de lo sobrenatural. Son responsables cuando la atmósfera comienza a cambiar y se vuelve propicia para el movimiento de Dios. Orar es una clave fundamental si la iglesia de Dios se mueve con mayor poder y vitalidad en el espíritu.

Jesús pudo haber provocado a los ángeles al servicio para salvarlo en Getsemaní, cuando reprendió a Pedro para que guardara su espada; diciendo

> *Mateo 26:53 ... ¿Acaso piensas que no puedo ahora orar a mi Padre, y que él no me daría más de doce legiones de ángeles? RVR*

Como creyentes, hemos heredado los mismos privilegios en Cristo; confiriendo en esencia, ese ser angelical se alinea cada vez que se declara la palabra de Dios, especialmente sobre el tema de las oraciones.

> *Juan 16:15 Todo lo que tiene el Padre es mío; por eso dije que tomará de lo mío, y os lo hará saber.*

Capítulo 17

Oramos Para Quitar Velos Y Cubiertas Demónicas

Cubrirse se refiere a proteger algo de otra cosa. En el libro de Ezequiel, encontramos que la mayor unción de Satanás es cubrir. Satanás cubre el mundo desde el glorioso evangelio.

Ezequiel 28:14. Tú, querubín grande, protector, yo te puse en el santo monte de Dios, allí estuviste; en medio de las piedras de fuego te paseabas.

Lo que significa que después de su rebelión, que el regalo no se estaba llevando.

Hay ciertas capas que pueden enmascarar y contener individuos en la oscuridad. Niveles de mediocridad y falta de fruto. Donde nunca parecen romper ese techo de cristal. Él usa esta habilidad para cegar, ensordecer y paralizar el sentido espiritual de los humanos. La palabra llama al enemigo el dios de este mundo que ciega a los individuos para que no salgan a la luz del Evangelio.

2 Corintios 4:4... en los cuales el dios de este siglo cegó el entendimiento de los incrédulos, para que no les resplandezca la luz del evangelio de la gloria de Cristo, el cual es la imagen de Dios.

Durante la transformación de los apóstoles Pablo, se registra cómo las escamas cayeron de su ojo tan pronto como Ananías terminó de ponerle las manos encima. Esta escala significa la oscuridad en la que Pablo existía. Persiguió y llevó a muchos a prisión para su ejecución y encarcelamiento. Hizo todo esto, en sus propias palabras.

Porque luchamos <u>no contra carne y hueso</u>, sino contra principados, contra poderes, contra los gobernantes de la oscuridad de este mundo, contra la maldad espiritual en lugares altos...

Contra los hombres, que son de naturaleza frágil, contra los que se establecen artimañas espirituales, mil veces más poderosas que la carne.

Es imperativo progresar en el conocimiento de lo demoníaco y su intención de cubrir y obstaculizar a las personas de la verdad de las palabras de Dios. Hechos 26:9-11... Yo ciertamente había creído mi deber hacer muchas cosas contra el nombre de Jesús de Nazaret lo cual también hice en Jerusalén. Yo encerré en cárceles a muchos de los santos, habiendo recibido poderes de los principales sacerdotes; y cuando los mataron, yo di mi voto. Y muchas veces, castigándolos en todas las sinagogas, los forcé a blasfemar; y enfurecido sobremanera contra ellos, los perseguí hasta en las ciudades extranjeras.

El apóstol Pablo estaba en este momento de su vida reflexionando sobre sus propias acciones. Había virtudes peculiares en Pablo, como el hecho de guardar la ley. Era moralmente sano, hizo todo lo posible para preservar las tradiciones pasadas por los padres. Era celoso y apasionado, un hombre santo según la ley de Dios y muy bien educado en la fe judía, fue una figura destacada entre los líderes de su época.

Sin embargo, su ceguera a la esencia de la salvación que se encuentra en Dios fue grande. Por lo tanto, lo contó, pero excretó para el conocimiento de la gloria de Dios que se encuentra en Cristo.

Filipenses 3:7-8... Pero cuantas cosas eran para mí ganancia, las he estimado como pérdida por amor de Cristo. Y ciertamente, aun estimo todas las cosas como pérdida por la excelencia del conocimiento de Cristo Jesús, mi Señor, por amor del cual lo he perdido todo, y lo tengo por basura, para ganar a Cristo. RVR

HAY UN FIN A TODAS LAS COSAS;
DEBEMOS ORAR CON ESO EN MENTE.
¡JESÚS ES PRIMERO Y ÚLTIMO!

NOSOTROS ORAMOS PORQUE TODO TIENE UN FINAL.

(1Pedro 4:7) Mas el fin de todas las cosas se acerca; sed, pues, sobrios, y velad en oración.

(Salmos 97:5) Los montes se derritieron como cera delante de Jehová, Delante del Señor de toda la tierra. Cuando Dios aparece, para cumplir sus promesas y ejecutar sus amenazas, toda oposición desaparece ante él y desaparecen todas las dificultades. Todas las dificultades desaparecieron, todos los enemigos fueron sometidos, el evangelio triunfó sobre todos. Las colinas simbolizan las alturas o el orgullo exaltado del intelecto, la riqueza y el poder del hombre. --A.R. Faussett.

ORAMOS PORQUE CON LAS ORACIONES QUEBRAMOS LOS DIENTES DEL MAL

(Salmos 58:6) Oh Dios, quiebra sus dientes en sus bocas; Quiebra, oh Jehová, las muelas de los leoncillos.

Los dientes son un símbolo del poderoso instrumento que poseen los enemigos para hacer travesuras. Es una característica en los mamíferos que contiene veneno mortal.

Si no tienen capacidad para el bien, al menos prívales su habilidad para el mal. Trate al enemigo como los encantadores de serpientes hacen con sus serpientes, extraen sus colmillos y se rompen los dientes.

ORAMOS PARA PRIVAR AL ENEMIGO DE LA CAPACIDAD DE HACER MAL

(Salmos 58:7) Sean disipados como aguas que corren; cuando disparen sus saetas, sean hechas pedazos.

Dejen que sean barridos como las aguas que a veces corren en el desierto, pero que pronto son evaporadas por el sol o absorbidas por la arena.

ORAMOS PARA SECAR SUS AGUAS MALVADAS

(Salmos 58:7) Sean disipados como aguas que corren; cuando disparen sus saetas, sean hechas pedazos.

Por lo tanto, rece para tratar y eliminar todas las oportunidades y medios por los cuales el enemigo pueda lastimarle.

ORE "¡PRIVO LA HABILIDAD DEL ENEMIGO
PARA INFLUIR MAL! DEJE PERDER LA
HABILIDAD DEL ENEMIGO EN TODO
ESFUERZO EN EL NOMBRE DE JESÚS"

CUIDADO CON LAS INTERACCIONES MALVADAS

Capítulo 18

CUIDADO CON LAS INTERACCIONES MALVADAS

En este punto, comprendamos cómo Satanás usa principalmente a las personas. Por mucho que nos guste creer que Dios usa a las personas en otros para cumplir su voluntad y consejo en la tierra; Satanás emplea la ayuda de individuos para hacer lo mismo. La gente a veces consciente o inconscientemente aprovechará su alma y cuerpo para el enemigo, para que pueda expresar sus malos deseos en la tierra.

Efesios 4:19... los cuales, después que perdieron toda sensibilidad, se entregaron a la lascivia para cometer con avidez toda clase de impureza.

Hechos 5:3-4...Y dijo Pedro: Ananías, ¿por qué llenó Satanás tu corazón para que mintieses al Espíritu Santo, y sustrajeses del precio de la heredad? Reteniéndola, ¿no se te quedaba a ti? y vendida, ¿no estaba en tu poder? ¿Por qué pusiste esto en tu corazón? No has mentido a los hombres, sino a Dios.

Lucas 22:3... Y entró Satanás en Judas, por sobrenombre Iscariote, el cual era uno del número de los doce.

Capítulo 19

Hay Personas Engañosas (Contra Las Artimañas Del Diablo).

El diccionario define el engaño como una declaración o acción que oculta la verdad, o el acto de ocultar la verdad.

Ore para que Dios pueda hacerle consciente de las personas engañosas, que pueden ocultar intencionalmente la verdad solo para llevarle a cierto desprecio; personas cuyo objetivo es engañarlo con motivos ocultos.

Tenga cuidado con las personas que fluyen con los demás por lo que disfrutarán de ellos. Le interesa orar para que Dios abra sus sentidos espirituales y reciba el don del discernimiento en esta temporada.

Jesús advierte sobre las últimas horas antes de su llegada, que "Y muchos falsos profetas se levantarán, y engañarán a muchos" (Mateo

24:11). Su oración debe incluir el lugar de tener cuidado de no caer en manos de personas engañosas.

Un buen ejemplo de un individuo engañoso en la Biblia fue Ahitofel, cuyo nombre significaba un hermano de ruina y locura. Su consejo fue como el oráculo de Dios. 2 Samuel 16:23... Y todo el país lloró en alta voz; pasó luego toda la gente el torrente de Cedrón; asimismo pasó el rey, y todo el pueblo pasó al camino que va al desierto.

2 Samuel 15:31... Y dieron aviso a David, diciendo: Ahitofel está entre los que conspiraron con Absalón. Entonces dijo David: Entorpece ahora, oh Jehová, el consejo de Ahitofel.

Al igual que David oró, estas también deberían ser sus oraciones; todas las formas de engaño del enemigo deben fallar en el Nombre de Jesús.

Otras referencias de estudio (1 Reyes 13:11-32).

Capítulo 20

HAY PERSONAS MALVADAS

(Génesis 13:13) Mas los hombres de Sodoma eran malos y pecadores contra Jehová en gran manera. (Salmos7:9 / Ezequiel 18:20 / Ezequiel 33:12)

Los hombres de Sodoma eran hombres malvados. Otra traducción lo pone a la manera, "donde la gente era mala y pecaba terriblemente contra el Señor". Sus malvados crecieron para atraer la atención y el juicio del cielo. La maldad es el lugar donde el corazón humano se enfría. Donde los humanos están deshumanizados en la moralidad y las malas prácticas, muchos solo pueden tener la inmoralidad sexual como el pecado de Sodoma. Sin embargo, leemos sobre la glotonería, privando a los viejos y molestando a los débiles. Era una sociedad feroz donde todos explotan.

Donde hay maldad, hay una explotación intensa. Las personas malvadas están al final de todo el acaparamiento en la sociedad, crean una sociedad de codicia, hambre y escasez. La gente malvada tiene hambre de guerra porque en ella hay ganancia. Manténgase alejado de la contienda para resistir la tentación de convertirse en parte de la codicia y los sistemas intrigantes de este mundo.

Ora intensamente contra toda maldad programada por el enemigo para interrumpir los planes de Dios para su vida. Se sabe de personas que fueron lastimadas por personas sin razón. Hay personas que viven en severas maldades de pensamiento y maldad.

Capítulo 21

HAY PERSONAS POSEÍDAS

(Marcos 5:2) Y cuando salió él de la barca, en seguida vino a su encuentro, de los sepulcros, un hombre con un espíritu inmundo.

(Hechos 16:16) Y sucedió que, mientras íbamos a orar, una cierta damisela poseída con un espíritu de adivinación se encontró con nosotros, lo que trajo a sus maestros mucha ganancia al decir adivinación {de adivinación}.

Existen diferentes niveles de posesión cuando se trata de la raza humana. Hay individuos poseídos por demonios, que se convierten en anfitriones de espíritus malignos con la intención de llevar a cabo todo tipo de perturbaciones en la vida humana. Pueden infligir dolor, orquestar el fracaso, la desgracia, las enfermedades, los accidentes, los disturbios políticos, los disturbios regionales, los disturbios raciales y cualquier desgracia socioeconómica más caótica.

Como creyente, es muy importante comprender que su oración expondrá a estas personas y repelerá todos los ataques espirituales. El demonio que posee en nuestro texto no podía ser detenido, ni siquiera por cadenas. Sin embargo, se inclinó ante Jesucristo. Nada le detendrá en el Nombre de Jesús. La joven poseía un espíritu maligno, pero nadie lo supo hasta que apareció el apóstol Pablo. Se necesita oración para exponer el mal profundamente arraigado en una región. La iglesia en la región debe establecer a las personas en oración de precisión para romper las malvadas contenciones espirituales.

Capítulo 22

HAY PERSONAS ODIOSAS

(Juan 15:19) Si fuerais del mundo, el mundo amaría lo suyo; pero porque no sois del mundo, antes yo os elegí del mundo, por eso el mundo os aborrece.

(1Juan 3:13) Hermanos míos, no os extrañéis si el mundo os aborrece.

El odio es una emoción fuerte, arraigada en la envidia. Por lo general, las personas odiosas son guiadas por un deseo de odio. Las personas pueden arruinar su vida y convertir las cosas buenas que suceden en malas. La mayoría de las veces el odio puede no ser obvio. Pueden llegar a ti con sonrisas e incluso cumplidos, pero en sus corazones, es un ardiente deseo de verte fracasar. Ruego que persista en la oración y permita que Dios le abra los ojos a estas realidades.

También es posible que desee orar por usted mismo en este momento, porque podemos llegar a un lugar donde podemos sentir la tentación de odiar a la otra persona por una razón u otra. Estamos viviendo en un mundo de muchas influencias. Es posible que haya recibido información falsa sobre el asunto y que haya llegado a una conclusión negativa, lo que puede generar odio. Ora contra la tentación.

61

CONTINUANDO CON EL ODIO

NO PODEMOS ENTRAR EN LA TENTACIÓN

(Lucas 22:40) Cuando llegó a aquel lugar, les dijo: orad que no entréis en tentación.

Capítulo 23

HAY GENTE IGNORANTE

(Salmos 106:23) Y trató de destruirlos, de no haberse interpuesto Moisés su escogido delante de él, a fin de apartar su indignación para que no los destruyese.

Hay un momento en el que debemos sustituir a las personas. La mayoría del dolor infligido se debe a la ignorancia de las personas. La gente dice y hace cosas en gran medida por su ignorancia. Debemos rezar para que estas palabras que escuchamos no terminen atrapando nuestras emociones y robándonos nuestra motivación.

La ignorancia es una herramienta fuerte que el enemigo puede usar contra las relaciones, los socios comerciales, los estudiantes, los jóvenes, incluso los sabios. En las Escrituras se llama al enemigo, el príncipe de las tinieblas, un término que señala su capacidad para mantener a uno en la oscuridad en relación con cuestiones específicas.

El enemigo puede plantar personas ignorantes dentro de su organización. Pueden convertirse en parte de los miembros de su junta o en su equipo asesor. El enemigo también puede motivar a uno por un momento de ignorancia, donde un individuo causará la ruina o el daño a un proyecto saludable, ya sea por una decisión financiera o espiritual equivocada.

Ore por discernimiento y permita que el Espíritu Santo lo guíe en todo momento.

ORE PARA QUE SUS OJOS ESPIRITUALES ESTÉN ABIERTOS

Efesios 1:18... Alumbrando los ojos de vuestro entendimiento, para que sepáis cuál es la esperanza a que él os ha llamado, y cuáles las riquezas de la gloria de su herencia en los santos.

Capítulo 24

Hay Personas Malvadas

(2 Reyes 8:18) Y anduvo en el camino de los reyes de Israel, como hizo la casa de Acab, porque una hija de Acab fue su mujer; e hizo lo malo ante los ojos de Jehová.

(2 Reyes 8:26-27) De veintidós años era Ocozías cuando comenzó a reinar, y reinó un año en Jerusalén. El nombre de su madre fue Atalía, hija de Omri rey de Israel. Anduvo en el camino de la casa de Acab, e hizo lo malo ante los ojos de Jehová, como la casa de Acab; porque era yerno de la casa de Acab.

¿Es el odio una emoción correcta cuando se trata de tendencias y acciones malignas en la vida de las personas? Debajo están las palabras de Cristo.

(Apocalipsis 2:6) Pero tienes esto, que aborreces las obras de los nicolaítas, **las cuales yo también aborrezco.**

La palabra griega para odio es miseo: odiar, aborrecer o encontrar completamente repulsivo. El término describe a alguien con animosidad profundamente arraigada... una persona que es antagónica, que encuentra algo completamente objetable.

Las personas malvadas son profundamente inmorales y malas en pensamiento y obras. La palabra nos advierte que tengamos cuidado con las malas comunicaciones porque arruinan los modales.

1 Corintios 15:33. No erréis; las malas conversaciones corrompen las buenas costumbres.

En ciertos momentos de su vida, es necesario trazar una línea del individuo que se involucra abiertamente en comportamientos y estilos de vida contrarios a las Escrituras. Vemos una escalada de cristianos que consideran habitual vivir cierto estilo de vida inmoral y malvado. No es correcto caer en eso y podemos pensar que sí, simplemente porque no hemos visto ningún signo visible de juicio por parte de Dios. Dios es misericordioso, pero Satanás no lo es. Satanás mantiene vivos tales motivos mediante el engaño mientras lleva a otros por mal camino debido a su malvada concupiscencia.

Capítulo 25

Hay Falsos Hermanos Para Descubrir.

(1Juan 2:18-19) Hijitos, ya es el último tiempo; y según vosotros oísteis que el anticristo viene, así ahora han surgido muchos anticristos; por esto conocemos que es el último tiempo. Salieron de nosotros, pero no eran de nosotros; porque si hubiesen sido de nosotros, habrían permanecido con nosotros; pero salieron para que se manifestase que no todos son de nosotros. RVR

En el libro de Apocalipsis hay falsos hermanos como Balaam y Nicolás el diácono.

(La revelación de Nicolaítas 2:6... pero hay una cosa que estás haciendo bien. Odias lo que están haciendo los Nicolaítas, y yo también)

Ireneo e Hipólito, los primeros padres de la iglesia que relataron muchos de los primeros eventos en la historia de la iglesia, han registrado que los nicolaítas eran descendientes espirituales de Nicolás el Diácono. La historia informa que Nicolás fue uno de los diáconos que fue ordenado en el libro de Hechos 6:5. Era un judío prosélito, lo que significaba que se había convertido al judaísmo. Se le dijo, antes de su conversión, que era pagano y practicaba el paganismo. Por lo general, tales individuos serían practicantes ocultistas dedicados.

Según los registros, cuando escuchó el mensaje de salvación de Dios a través de Jesucristo, Nicolás lo abrazó con gusto. En el libro de los Hechos, fue mencionado entre los hombres que eran de buen informe, llenos del Espíritu Santo y la sabiduría.

Hechos 6:3... Buscad, pues, hermanos, de entre vosotros a siete **varones** de buen testimonio, **llenos** del Espíritu Santo y de **sabiduría**, a quienes encarguemos de este trabajo.

Sin embargo, la raíz profunda del paganismo todavía existía en él y la verdadera conversión no había echado raíces. Desde allí, comenzó a enseñar un evangelio de compromiso, que correspondía con su naturaleza liberal. Nicolás no vio nada malo en servir a Dios a través de Jesús y también en la idolatría, la brujería y el misticismo.

Los falsos hermanos pueden no ser tan extremos como Nicolás; sin embargo, si las personas no estiman la integridad de la palabra de Dios sobre cierto comportamiento y estilo de vida, muy pronto la tendencia a fluir hacia la adoración falsa será mayor.

VERSÍCULOS DE ORACIÓN

2 Corintios 11:26… en caminos muchas veces; en peligros de ríos, peligros de ladrones, peligros de los de mi nación, peligros de los gentiles, peligros en la ciudad, peligros en el desierto, peligros en el mar, peligros entre falsos hermanos.

Salmos 119:105… Lámpara es a mis pies tu palabra, y lumbrera a mi camino.

Capítulo 26

Hay Aquellos Que Resisten La Palabra

2 Tesalonicenses 3:1... Finalmente, hermanos, rueguen por nosotros, para que la palabra del Señor tenga un curso libre y sea glorificado, tal como es con ustedes.

(Hechos 4:26) Se reunieron los reyes de la tierra, y los príncipes se juntaron en uno contra el Señor, y contra su Cristo.

Hay personas que exigen y resisten la palabra de Dios de echar raíces en sus corazones. Deben oponerse al consejo de Dios y tomar la materia divina a la ligera. En estos últimos días, prepárense contra tales personas. Se resistirán y se opondrán a usted de manera simple debido a lo que usted cree o los problemas que representan. Tenga la seguridad de que caerán en la cara de Jesucristo.

ORACIONES DE PRECISIÓN

Capítulo 27

DESTRUCCIÓN DEL ESPÍRITU DE SEGREGACIÓN

REFERENCIA: El muro de Jericó... espíritu de contaminación... espíritu en Naamán.

ESPÍRITU DE SEGREGACIÓN.

Josué 6:1... Ahora Jericó estaba encerrado debido a los hijos de Israel: ninguno salió y ninguno entró. ¡La segregación significa el desprendimiento deliberado de dos o más grupos! ¡Con este espíritu, el enemigo creará muchas imágenes falsas que conducirán al fracaso! Por ejemplo, el enemigo...

- Disminuye el valor de algo (Valor humano: valor de la perspectiva... cuando alguien devalúa el valor de algo (es decir, llevar un buen atuendo o ropa de noche para el trabajo en una obra de construcción). Valor espiritual (oculta el valor espiritual de las personas tanto el suyo como el valor ¿de otros?).

- Crea una mentira de posición, (es decir, en realidad tiene una perspectiva falsa, ya sea baja o alta.
- Elimina la energía de la creatividad que es la unidad.
- Rompe matrimonios y hogares.
- Mata talentos.
- Crea caminos engañosos.
- Crea estrategias para separarse para matar.
- Separa el potencial de la potencia **en el alma**... (la potencia es lo que hace que el trabajo latente potencial le dé poder y ese espíritu lo separe). Separe los sueños de la realidad.
- Evita que la mente y el cuerpo caminen en unión.
- Crea división entre amigos, familia e iglesia.
- Estimula una mirada orgullosa.
- Hace que uno menosprecie a otro.

Capítulo 28

ESPÍRITU DE CONTAMINACIÓN

(2 Reyes 5:1) Naamán, general del ejército del rey de Siria, era varón grande delante de su señor, y lo tenía en alta estima, porque por medio de él había dado Jehová salvación a Siria. Era este hombre valeroso en extremo, pero leproso.

- Este es un espíritu de desgracia.
- Avergüenza a un individuo, una familia o incluso un negocio.
- Tiene una dimensión que hace que una buena acción se vea mal.
- Convierte a una persona talentosa en una persona con una adicción o un problema de actitud.
- Amplifica las debilidades pasadas.
- Su intención es socavar el progreso de una persona.
- Aunque puede ser genial, intentará mostrar sus fracasos al mundo.
- Intenta reducir su testimonio.
- Utiliza los "peros" para paralizar el "sin embargo".
- Trata de traer a la vida de uno una vida solitaria.

Capítulo 29

Destrucción Del Espíritu De Violencia

(Marcos 5:4-5) Porque muchas veces había sido atado con grillos y cadenas, mas las cadenas habían sido hechas pedazos por él, y desmenuzados los grillos; y nadie le podía dominar. Y siempre, de día y de noche, andaba dando voces en los montes y en los sepulcros, e hiriéndose con piedras.

(Salmos 18:13) Tronó en los cielos Jehová, y el Altísimo dio su voz; Granizo y carbones de fuego.

(Salmos 21:9) Los pondrás como horno de fuego en el tiempo de tu ira; Jehová los deshará en su ira, y fuego los consumirá.

La violencia se puede describir en varios términos, pero en nuestro estudio, lo describiremos como "física, acción o tratamiento áspero o perjudicial".

Entonces, la violencia es un acto o comportamiento enérgico que involucra fuerza física con la intención de lastimar, dañar o matar.

En los reinos del espíritu, este es un espíritu demoníaco de agresión... un espíritu que intimida y toma posesión de la vida de las personas. Puede ser agresión pasiva o agresión activa. Estas son voces agresivas, que hablan con premios elevados contra movimientos para el progreso de cualquier tipo.

Goliat es un tipo de esta voz violenta en el libro de 1 Samuel 17:8 Y se paró y dio voces a los escuadrones de Israel, diciéndoles: ¿Para qué os habéis puesto en orden de batalla? ¿No soy yo el filisteo, y vosotros los siervos de Saúl? Escoged de entre vosotros un hombre que venga contra mí.

- Impone el odio entre las personas, ya sea de otros o lo que se conoce como auto odio. Cuando los individuos se convierten en su número crítico, terminan cansados de sí mismos al volverse cada vez más críticos de sí mismos por su mal comportamiento, fracasos y juicios erróneos. Debe enfrentarse a este espíritu contenedor por la palabra de Dios en oración.
- Está detrás de todas las formas de ira y la promoción de la ira. ¿Sufre de ira incontrolable, donde la irritación saca lo mejor de usted? Entonces este espíritu está en funcionamiento. Viene para justificar la ira. Algunas personas han logrado algún resultado empleando el recurso de la ira para trabajar las cosas a su favor, pero pronto se pondrá al día. La ira eventualmente lo atará. Es una poderosa estrategia de contención del enemigo.
- Es el ejecutor de la rebelión contra una vida bendecida. Este espíritu no puede soportar la presencia de la bendición. Se

pone irritable donde se leen buenos testimonios. Se vuelve rebelde ante posibles cambios y avances.

- Realiza todas las formas de procesos intimidantes (Ezequiel 28:16). A causa de la multitud de tus contrataciones fuiste lleno de iniquidad, y pecaste; por lo que yo te eché del monte de Dios, y te arrojé de entre las piedras del fuego, oh querubín protector.

- Impide el cumplimiento de bienes y riquezas (Salmos 112:3...) Bienes y riquezas hay en su casa, y su justicia permanece para siempre. La riqueza y las riquezas no son tontas, como dice la Biblia con sabiduría, se construye una casa, pero la ira descansa en el seno del tonto. Eclesiastés 7:9... No te apresures en tu espíritu a enojarte; porque el enojo reposa en el seno de los necios. RVR

- Causa un profundo daño emocional (inestabilidad de las decisiones).

- Hace que uno se salga de control (ese es su plan para hacer que uno pierda su destino)

- Intenta forzar el ojo del Propósito.

- No conoce ninguna ley, y está en contra de una restricción saludable.

- Provoca un desperdicio de recursos.

- Lucha contra el buen consejo (Proverbios 24:6).

- Este espíritu está detrás de todo terrorismo y violencia. (Jeremías 51:46) Y no desmaye vuestro corazón, ni temáis a causa del rumor que se oirá por la tierra; en un año vendrá el rumor, y después en otro año rumor, y habrá violencia en la tierra, dominador contra dominador.

- Este espíritu está involucrado en iniciar conflictos en una iglesia (Salmos 55:9) Destrúyelos, oh Señor; confunde la lengua de ellos; porque he visto violencia y rencilla en la ciudad.

PUNTO DE ORACIÓN

➢ (Salmos 68:30) Reprime la reunión de gentes armadas, la multitud de toros con los becerros de los pueblos, hasta que todos se sometan con sus piezas de plata; esparce a los pueblos que se complacen en la guerra.

Capítulo 30

Espíritu De Ignorancia

*Isaías 56:10. Sus atalayas son ciegos, **todos ellos ignorantes**; todos ellos perros mudos, no pueden ladrar; soñolientos, echados, aman el dormir.*

La ignorancia significa falta de conocimiento, información o educación. En la oración, la ignorancia es una falta de revelación, lo que significa que uno no puede creer que será atacado por la incapacidad de comprender la voz del Espíritu, ya sea en la adoración o en la palabra de Dios. Esta situación puede conducir a una serie de decisiones y suposiciones equivocadas.

El espíritu de la ignorancia puede:

- Prevenir la adoración adecuada.
- Cubrir la luz de la palabra.
- Hacer que las personas apliquen la palabra incorrectamente.
- Desear el engaño en las cosas espirituales.
- Evitar que uno use dones espirituales.

- Liberar la ignorancia para cubrir el acceso a los 7 espíritus de Dios.
- Mentir sobre el amor de Dios.
- Tratar de apoderarse de la boca de la confesión positiva.
- Romper el proceso de comprensión.
- Ocultar el esfuerzo que otros están haciendo.
- Alejar a las personas de las relaciones saludables.
- Prevenir el flujo de amor en una iglesia.
- Portar la envidia, el odio, la competencia negativa y el acto travieso.

PUNTOS DE ORACIÓN

- ➤ Resisto los poderes de la Oscuridad para gobernar sobre mi mente. Declaro que camino porque Dios ha traído a su luz.
- ➤ 1 Pedro 2:9… Mas vosotros sois linaje escogido, real sacerdocio, nación santa, pueblo adquirido por Dios, para que anunciéis las virtudes de aquel que os llamó de las tinieblas a su luz admirable.
- ➤ 1 Corintios 2:16… Porque ¿quién conoció la mente del Señor? ¿Quién le instruirá? Mas nosotros tenemos la mente de Cristo.

Capítulo 31

Destrucción Del Espíritu Del Mal

El espíritu del mal es un espíritu inventivo. Es un hecho conocido que Satanás no puede crear nada, pero las Escrituras nos dicen en Romanos 1:29: estando atestados de toda injusticia, fornicación, perversidad, avaricia, maldad; llenos de envidia, homicidios, contiendas, engaños y malignidades, 30... murmuradores, detractores, aborrecedores de Dios, injuriosos, soberbios, altivos, **inventores de males**, desobedientes a los padres...

Por lo tanto, en el mundo de las tinieblas hay cosas que surgirán y uno se preguntará "de dónde vino eso"... como las leyes que se están considerando en algunos países en áreas de sexualidad, sustancias adictivas, alcohol y ciencias médicas, por mencionar solo algunas.

INVENTORES DE MALES

**Palabras malvadas, pensamientos malvados,
intenciones malvadas, mirada malvada,
instrucciones malvadas, consejos malvados**

- Este espíritu del mal evoca malas ideas.
- Hace que lo correcto se vea mal y lo incorrecto se vea bien.
- Crea áreas para la promoción del mal.
- Utiliza imágenes de la mente no arrepentidas (esta es una buena razón por la que necesitamos purgar nuestras mentes).
- Hace que se materialice el deseo del mal.
- Lleva a cabo una distorsión de la emoción.
- Permite que la falta de perdón se infecte el tiempo suficiente para que se manifieste el poder destructivo de la venganza).
- Esto intentará traer consejos destinados al mal.

PUNTO DE ORACIÓN

> ➢ (2 Samuel 15:31). Y dieron aviso a David, diciendo: Ahitofel está entre los que conspiraron con Absalón. Entonces dijo David: Entorpece ahora, oh Jehová, el consejo de Ahitofel.

Capítulo 32

DESTRUCCIÓN DEL ESPÍRITU DE DOLENCIA

(Lucas 13:10-13) Enseñaba Jesús en una sinagoga en el día de reposo y había allí una mujer que desde hacía dieciocho años tenía espíritu de enfermedad, y andaba encorvada, y en ninguna manera se podía enderezar: cuando Jesús la vio, la llamó y le dijo: mujer, eres libre de tu enfermedad. Y puso las manos sobre ella; y ella se enderezó luego, y glorificaba a Dios.

**ebilidad** significa debilidad (de mente o cuerpo) de la palabra raíz **sin fuerza**, débil, enfermo o impotente.

El espíritu de la enfermedad:

- Es el causante de muchas enfermedades.
- Es el que previene la curación.
- Es portador de enfermedades al causar debilidad para luchar.
- Es el causante de varios tipos de insatisfacción y frustraciones del corazón.

- Es la introducción a los reinos de los pecados pasados del espíritu.
- Es el que abre las puertas de las maldiciones generacionales, y eso que hace que las maldiciones se peguen (proverbios 26:2) Como el gorrión en su vagar, y como la golondrina en su vuelo, **así la maldición nunca vendrá sin causa.**
- Es el espíritu que trata de romper el cuerpo físico con enfermedades continuas.
- Es el espíritu que frustra la oración y el ayuno.
- Es el espíritu que miente sobre las condiciones actuales del cuerpo y la mente, mintiéndole sobre un estado de debilidad.
- ¿Es el espíritu que se relaciona con el alma la mentira de que no hay esperanza?
- Es la carga invisible que termina presionando a las personas en la vida (Lucas 13:11) y había allí una mujer que desde hacía dieciocho años tenía espíritu de enfermedad, y <u>andaba encorvada, y en ninguna manera se podía enderezar.</u>
- En última instancia, quiere avergonzar la promesa de Dios (Lucas 13:16-17) Y a esta hija de Abraham, que Satanás había atado dieciocho años, ¿no se le debía desatar de esta ligadura en el día de reposo? Al decir él estas cosas, <u>se avergonzaban todos sus adversarios;</u> pero todo el pueblo se regocijaba por todas las cosas gloriosas hechas por él.
- Es el ejecutor de la esterilidad. ¡La enfermedad también significa impotente!

PUNTOS DE ORACIÓN

- ➢ Proverbios 20:8... El rey que se sienta en el trono de juicio, con su mirar disipa todo mal.
- ➢ Salmos 68:1... Levántese Dios, sean esparcidos sus enemigos, y huyan de su presencia los que le aborrecen.
- ➢ Salmos 27:1... Jehová es mi luz y mi salvación; ¿de quién temeré? Jehová es la fortaleza de mi vida; ¿de quién he de atemorizarme?
- ➢ Salmos 103:3... Él es quien perdona todas tus iniquidades, El que sana todas tus dolencias.

Capítulo 33

DESTRUCCIÓN DEL ESPÍRITU DE MUERTE Y INFIERNO

(1 Corintios 15:26) Y el postrer enemigo que será destruido es la muerte.

(Apocalipsis 20:14) Y la muerte y el Hades fueron lanzados al lago de fuego. Esta es la muerte segunda

(1 Corintios 15:55) ¿Dónde está, oh muerte, tu aguijón? ¿Dónde, oh sepulcro, tu victoria?

La tarea principal del espíritu de la muerte y el infierno es romper la conexión divina y la comunicación en el espíritu. Su trabajo es amortiguar el movimiento del espíritu en una iglesia o comunidad para finalmente silenciar la voz de la profecía en la tierra.

Estos espíritus (muerte e infierno) trabajan en equipo... como socios para garantizar que Satanás termine su misión de robar, matar y destruir. Después de todos los trucos y planes, Satanás desata este espíritu para atacar y disolver el plan supremo de Dios. Este espíritu es responsable de la ruptura de las familias y la separación de los niños de los padres. Ellos instigan y lanzan estos ataques en todos los reinos; espiritual, psicológica, física y financieramente.

El espíritu necesita:

- No apaguéis al Espíritu (1Tesalonicenses 5:19).
- Apague la oración de fe. (Santiago 5:15) Y la oración de fe salvará al enfermo, y el Señor lo levantará; y si hubiere cometido pecados, le serán perdonados.
- No menospreciéis las profecías (1Tesalonicenses 5:20) Despreciar no profetizar. Donde no hay profecía no habrá vida...
- (1Corintios 14:3-5) Pero el que profetiza habla a los hombres para edificación, exhortación y consolación. El que habla en lengua extraña, a sí mismo se edifica; pero el que profetiza, edifica a la iglesia: así que, quisiera que todos vosotros hablaseis en lenguas, pero más que profetizaseis; porque mayor es el que profetiza que el que habla en lenguas, a no ser que las interprete para que la iglesia reciba edificación...
- Intentos de apagar la vida de ayuno y oración (Marcos 9:29). Y les dijo: este género con nada puede salir, sino con oración y ayuno.

✓ El ayuno y la oración son fuerzas combinadas que liberan fuerzas espirituales.

✓ Cuando ayunamos, liberamos el poder en nuestro espíritu para apoderarse de nuestra alma y cuerpo.

✓ Cuando ayunamos y oramos, distribuimos el poder del espíritu a las áreas donde más lo necesitamos.

✓ Cuando ayunamos y rezamos, nuestros ojos se abren a nuevas verdades que no se habían visto antes.

✓ Cuando ayunamos, tomamos una nueva dimensión en el espíritu.

✓ Cuando ayunamos y oramos, el poder se entrega para la efectividad en nuestra asignación de donaciones.

✓ Cuando ayunamos y oramos, nos quitamos el sueño del espíritu, el alma y el cuerpo.

✓ Cuando ayunamos y oramos, nos sometemos fácilmente a los planes de Dios.

✓ Cuando ayunamos y rezamos nuestros corazones para romper las contenciones.

✓ Cuando ayunamos y rezamos logramos cosas que parecen imposibles de comenzar a cambiar.

✓ Cuando ayunamos y oramos cambiamos a una perspectiva diferente en la vida.

✓ Cuando ayunamos y oramos expandimos nuestro territorio en los reinos espirituales.

✓ Cuando ayunamos y rezamos, las cargas se levantan de nuestra vida y de la vida de los demás.

✓ Cuando ayunamos y oramos declaramos nuestra dependencia de Dios y su reino para nuestros suministros.

✓ Cuando ayunamos y rezamos. Nuestra salud será restaurada.

En otras palabras, el ayuno y las oraciones nunca deberían cesar. Cuando lo hacen, entra la muerte.

- Intente apagar la vitalidad del espíritu.
- Causa muerte prematura, tanto física como espiritualmente. (Éxodo 12:29) Y aconteció que a la medianoche Jehová hirió a todo primogénito en la tierra de Egipto, desde el primogénito de Faraón que se sentaba sobre su trono hasta el primogénito del cautivo que estaba en la cárcel, y todo primogénito de los animales.
  - Antes de este evento, Dios le dijo a Moisés que el destructor sería liberado. (Éxodo 12:23) Porque Jehová pasará hiriendo a los egipcios; y cuando vea la sangre en el dintel y en los dos postes, pasará Jehová aquella puerta, y no dejará entrar al heridor en vuestras casas para herir.
  - Presione hacia abajo para destruir en la primavera de la nueva vida... Cantares 2:15 Cazadnos las zorras, las zorras pequeñas, que echan a perder las viñas; porque nuestras viñas están en cierne.
  - Cada vez que surge algo nuevo, una nueva estrella brillará en la vida de las personas, una nueva voz, un nuevo regalo, un nuevo matrimonio, una nueva visión, este ZORRO aparece para causar la muerte súbita.
  - Este espíritu también puede ser referido como el espíritu del zorro Lucas 13:32, el espíritu de Faraón, el espíritu de Herodes... Todas estas son entidades que propagaron la muerte repentina a nuevas voces.

PUEBLOS BAJO LA INFLUENCIA DEL ESPÍRITU DE LA MUERTE Y EL INFIERNO

Faraón	Faraón ordenó el asesinato de niños, pero Moisés escapó (Éxodo 1:22) Entonces Faraón mandó a todo su pueblo, diciendo: Echad al río a todo hijo que nazca, y a toda hija preservad la vida. ¡De ahí que el nombre de Moisés signifique Ahogado! La hija del Faraón dijo: "De las aguas lo he sacado".
El 1º Herodes	1°: Herodes el grande (Mateo 2:16) Herodes entonces, cuando se vio burlado por los magos, se enojó mucho, y mandó matar a todos los niños menores de dos años que había en Belén y en todos sus alrededores, conforme al tiempo que había inquirido de los magos. Porque en el versículo 13 el ángel había advertido a José en un sueño que llevara a Jesús y a María a Egipto hasta la muerte de Herodes. (Mateo 2:15) y estuvo allá hasta la muerte de Herodes; para que se cumpliese lo que dijo el Señor por medio del profeta, cuando dijo: De Egipto llamé a mi Hijo. Este Herodes, aunque político hábil, era un hombre despiadado y brutal que mató a su suegro, varias de sus diez esposas y dos de sus hijos. Él ignoró las leyes de Dios para adaptarse a sí mismo y eligió el favor de Roma sobre su propio pueblo.
El 2º Herodes	El segundo: Herodes, el hijo de Herodes, Arquelao, mató a 3000 hombres en el templo en una noche, sin otra razón que no fuese por el poder. Jesús se refirió a él en (Lucas 13:31-32). Aquel mismo día llegaron unos fariseos, diciéndole: Sal, y vete de aquí, porque Herodes te quiere matará. Y les dijo: Id, y decid a aquella zorra: He aquí, echo fuera demonios y hago curaciones hoy y mañana, y al tercer día termino mi obra.

Capítulo 34

(Juan 5:1-8)
Espíritu De Depresión

La depresión siendo un espíritu se define concretamente como dolor: pesadez, pena. En psiquiatría, se conoce como una condición de abatimiento emocional general y abstinencia; tristeza mayor y más prolongada que la justificada por cualquier razón objetiva.

Por lo tanto, habrá una tristeza persistente y sentimiento de abatimiento.

Este espíritu

- Es el generador de quejas (Job 9:27) Si yo dijere: Olvidaré mi queja, dejaré mi triste semblante, y me esforzaré.
- Es el portador de autocompasión (Salmos 69:20) El escarnio ha quebrantado mi corazón, y estoy acongojado. Esperé quien se compadeciese de mí, y no lo hubo; y consoladores, y ninguno hallé.

- Es el portador de soledad (Salmos 119:28) Se deshace mi alma de ansiedad; susténtame según tu palabra.

- Es el obstáculo de proyecto de Dios (Proverbios 24:3) Con sabiduría se edificará la casa, y con prudencia se afirmará: en construcción. Depresión significa un lugar hundido, un área predeterminada de una casa / un lugar que tiene grietas.

- Intenta atacar el corazón puro (Salmos 24:4) El limpio de manos y puro de corazón; el que no ha elevado su alma a cosas vanas, ni jurado con engaño. El recibirá bendición de Jehová, y justicia del Dios de salvación.

El corazón puro Dios necesita traer la bendición (el corazón puro corre tras Dios con toda confianza... el corazón puro rinde culto y alabanza). Pero los puros de corazón pueden ser atacados por la depresión. El espíritu de depresión puede apoderarse de la mente con voces como "mira, Dios te ha rechazado". La depresión incluso hará surgir cosas que darán la impresión de que Dios ha perdido la batalla. Causará que un individuo de corazón puro empiece a dudar y se doblegue a quejarse y rechazar. Hará todo lo posible para quitarle al individuo la confianza que ha encontrado en Dios y en Su Palabra. Manténgase firme, aún no ha terminado hasta que gane.

- Este espíritu es el padre del rechazo.

(Salmos 69:20) El escarnio ha quebrantado mi corazón, y estoy acongojado. Esperé quien se compadeciese de mí, y no lo hubo; y consoladores, y ninguno hallé.

(Juan 5:7) Señor, le respondió el enfermo, no tengo quien me meta en el estanque cuando se agita el agua; y entre tanto que yo voy, otro desciende antes que yo.

(Salmos 121:1-2) Alzaré mis ojos a los montes; ¿De dónde vendrá mi socorro? Mi socorro viene de Jehová, que hizo los cielos y la tierra.

- El espíritu de la depresión intentará convertir toda su risa en tristeza. (Proverbios 14:13) Aun en la risa tendrá dolor el corazón; y el término de la alegría es congoja.

- (Isaías 61:3) a ordenar que a los afligidos de Sion se les dé gloria en lugar de ceniza, óleo de gozo en lugar de luto, manto de alegría en lugar del espíritu angustiado; y serán llamados árboles de justicia, plantío de Jehová, para gloria suya.

En la Biblia, la palabra depresión no se usa, excepto en las nuevas traducciones. Utiliza la palabra abatido, triste, desanimado, luto, preocupado, miserable, desesperado y con el corazón roto, pesadez.

PERSONAS QUE SUFREN DE DEPRESIÓN

Hagar	Hagar...Génesis 21:16 y se fue y se sentó enfrente, a distancia de un tiro de arco; porque decía: No veré cuando el muchacho muera. Y cuando ella se sentó enfrente, el muchacho alzó su voz y lloró.
Josué	(Josué 1:6) Esfuérzate y sé valiente; porque tú repartirás a este pueblo por heredad la tierra de la cual juré a sus padres que la daría a ellos... (Josué1:7) Solamente esfuérzate y sé muy valiente, para cuidar de hacer conforme a toda la ley que mi siervo Moisés te mandó; no te apartes de ella ni a diestra ni a siniestra, para que seas prosperado en todas las cosas que emprendas. En la tercera ocasión... escucha el tono. (Josué 1:9) Mira que te mando que te esfuerces y seas valiente; no temas ni desmayes, porque Jehová tu Dios estará contigo en dondequiera que vayas.
Naomi	**Naomi.** (Rut 1:20) Y ella les respondía: No me llaméis Noemí, sino llamadme Mara; porque en grande amargura me ha puesto el Todopoderoso. {Naomi: eso es Placentero} {Mara: eso es Amargo}
Hannah	**Hannah** (1Samuel 1:8) Y Elcana su marido le dijo: Ana, ¿por qué lloras? ¿por qué no comes? ¿y por qué está afligido tu corazón? ¿No te soy yo mejor que diez hijos?
David	**David** (Salmos 69:20) El escarnio ha quebrantado mi corazón, y estoy acongojado:
Elijah	**Elijah** (1Reyes 19:10) El respondió: He sentido un vivo celo por Jehová Dios de los ejércitos; porque los hijos de Israel han dejado tu pacto, han derribado tus altares, y han matado a espada a tus profetas; y sólo yo he quedado, y me buscan para quitarme la vida.

Nehemiah	**Nehemías** (Nehemías 1:4) Cuando oí estas palabras me senté y lloré, e hice duelo por algunos días, y ayuné y oré delante del Dios de los cielos.
Job	**Job** (Job 10:19) Fuera como si nunca hubiera existido, Llevado del vientre a la sepultura.
Jeremiah	Jeremías 20:14-18... Maldito el día en que nací; el día en que mi madre me dio a luz no sea bendito. Maldito el hombre que dio nuevas a mi padre, diciendo: Hijo varón te ha nacido, haciéndole alegrarse así mucho. Y sea el tal hombre como las ciudades que asoló Jehová, y no se arrepintió; oiga gritos de mañana, y voces a mediodía, porque no me mató en el vientre, y mi madre me hubiera sido mi sepulcro, y su vientre embarazado para siempre. ¿Para qué salí del vientre? ¿Para ver trabajo y dolor, y que mis días se gastasen en afrenta?
Pablo	**Pablo** Romanos 9:2... que tengo gran tristeza y continuo dolor en mi corazón.

Capítulo 35

Espíritu De Dolencias Y Enfermedades

(Lucas 8:43) Pero una mujer que padecía de flujo de sangre desde hacía doce años, y que había gastado en médicos todo cuanto tenía, y por ninguno había podido ser curada.

Este espíritu, aunque es el fruto de la enfermedad, es un espíritu predominante con poderes reproductivos. Por la lengua, este espíritu puede tener una puerta a la vida para causar destrucción. La lengua es un arma poderosa y puede ser un canal por el que se liberan poderes para cambiar la causa de la vida de las personas. Las palabras son transportadoras de poder y autoridad (Proverbios 18:21). Cuando se pronuncian las palabras, invoca todas las fuerzas para alinearse con lo que ha dicho.

Lo suficientemente interesante, muchos usan palabras como "me haces sentir enfermo" "¡esa canción está enferma!" "Me voy a enfermar como un perro". Declaran ciertas enfermedades y no son conscientes de lo que está sucediendo en su mundo. Afirmaciones como "este es <u>mi</u> dolor de cabeza, siempre vuelve en esta época del año", "estoy acostumbrado a esta enfermedad, siempre la tuve".

Este espíritu de dolencia y enfermedad viene sobre las personas (Éxodo 15:26) y dijo: Si oyeres atentamente la voz de Jehová tu Dios, e hicieres lo recto delante de sus ojos, y dieres oído a sus mandamientos, y guardares todos sus estatutos, ninguna enfermedad de las que envié a los egipcios te enviaré a ti; porque yo soy Jehová tu sanador...

Debe reconocerse en el primer minuto que toca sus reinos y rechaza la entrada por sus oraciones y resistencia para aceptar cualquier otra cosa que no sea buena salud.

El espíritu de dolencia y enfermedad puede ser referido como la **peste que camina en la oscuridad** (Salmo 91:6) Ni para la peste **que camina en la oscuridad**; ni por la destrucción que desperdicia al mediodía. (7) Mil caerán a tu lado, y diez mil a tu diestra; pero no se te acercará.

El espíritu de dolencia y enfermedad es un espíritu que camina, sin ser visto por los ojos de los hombres. Se esconde en las casas de las personas para colocar enfermedades y todo tipo de enfermedades en los miembros de una familia.

El espíritu de la dolencia y la enfermedad jugarán un papel importante en los últimos días en la venida de Cristo (Mateo 24:6) Y oiréis de guerras y rumores de guerras; mirad que no os turbéis, porque es necesario que todo esto acontezca; pero aún no es el fin. 7 Porque se levantará nación contra nación, y reino contra reino; y habrá **pestes**, y hambres, y terremotos en diferentes lugares.

El espíritu de la dolencia y la enfermedad tiene la misma dimensión que el espíritu de contaminación, excepto que puede persistir y mutar. Pero puede ser maldecido para desaparecer o partir en el Nombre de Jesús.

EL ESPÍRITU DE LA DOLENCIA Y LA ENFERMEDAD PUEDE SER MALDECIDO PARA DESAPARECER O PARTIR

(Juan 4:52) Entonces él les preguntó a qué hora había comenzado a estar mejor. Y le dijeron: Ayer a las siete **le dejó la fiebre**. *(RVR1960)*

(Marcos 1:42) Y así que él hubo hablado, al instante **la lepra se fue de aquél**, *y quedó limpio.*

(Lucas 5:13) Entonces, extendiendo él la mano, le tocó, diciendo: Quiero; sé limpio. Y al instante **la lepra se fue de él**.

Terapia... para aliviar (la enfermedad): curar, sanar, adorar.

(Mateo 4:23) Y recorrió Jesús toda Galilea, enseñando en las sinagogas de ellos, y predicando el evangelio del reino, y **sanando** toda enfermedad y toda dolencia en el pueblo.

Terapia... para aliviar (la enfermedad): curar, sanar, adorar.

Curar significa recuperarse / poner fin a (una enfermedad, una afección o un problema) mediante tratamiento... mediante la acción adecuada.

Sanar significa hacer o volver a sonar, o recuperarse.

El espíritu de la dolencia y la enfermedad designa o asigna "el destructor". Corta vidas o trae muerte súbita.

El espíritu de la dolencia y la enfermedad ataca la estructura familiar. Cuando escuchas cosas como "esta enfermedad es genética o hereditaria", esta mentira ha cobrado la vida de tantos seres queridos.

El espíritu de la dolencia y la enfermedad destruye la riqueza (Job 15:21). Estruendos espantosos hay en sus oídos; en la prosperidad el asolador vendrá sobre él.

El objetivo del espíritu de la dolencia y la enfermedad es limitar el propósito de Dios al cosechar el cuerpo de la tierra antes del tiempo señalado. La revelación de vivir mucho es el plan de Dios para extender la vida en la tierra. De esa manera, uno puede ser de mayor servicio para Él. Él quiere que vivamos mucho tiempo y con fuerza, con el fin de tener un impacto duradero en la vida de la próxima generación.

PUNTO DE ORACIÓN

"Bendito Señor, llévanos a tu protección esta noche; ¡y protégenos de la enfermedad, de la muerte súbita, de la violencia del fuego, del filo de la espada, de los designios de hombres malvados y de la influencia de espíritus maliciosos!"

➢ (Salmos 121:5) Jehová es tu guardador; Jehová es tu sombra a tu mano derecha.

Pero el Señor guardará lo suyo. Cada muerte súbita es reprendida en mi familia. Rechazo este espíritu para operar en mi mundo. Llamo integridad a mi espíritu, alma y cuerpo.

Capítulo 36

DESTRUCCIÓN DEL ESPÍRITU DE ORGULLO

(1Juan 2:16) Porque todo lo que hay en el mundo, los deseos de la carne, los deseos de los ojos, y la vanagloria de la vida, no proviene del Padre, sino del mundo.

El orgullo se define como ser jactancioso. Otra palabra para orgullo en la biblia es Altiva... un espíritu altivo. Aunque el uso del orgullo puede ser positivo, estamos usando este contexto desde la perspectiva de la Biblia. Una persona orgullosa es alguien que siente que es mejor o más importante que otras personas. La escritura dice (Proverbios 16:18) Antes del quebrantamiento es la soberbia, y antes de la caída la altivez de espíritu.

- El espíritu de orgullo es el gobernante de los hombres / la naturaleza del diablo.
- El espíritu de orgullo es el asesino de los más fuertes y deshonra a los que se vuelven sabios a su manera.
- El espíritu de orgullo es el inspirador de la nación.
- El espíritu de orgullo es el productor de identidad falsa.

- El espíritu de orgullo estrangula con la imagen de Dios.

- El espíritu de orgullo es el cementerio de las élites.

- El espíritu de orgullo es el creador del camino hacia el acantilado de la sorpresa y la desgracia.

- El espíritu de orgullo es el mal que llenó a Satanás.

- El espíritu de orgullo estimula al tirano y sin corazón a una mayor locura. (Proverbios 21:24) Escarnecedor es el nombre del soberbio y presuntuoso que obra en la insolencia de su presunción.

- El espíritu de orgullo es el precursor del fracaso.

- El espíritu de orgullo es uno de los espíritus que forman la trinidad del hombre.

- El espíritu de orgullo trata de ocultar el propósito de Dios.

La meta de Dios es esconder a los hombres del atractivo del orgullo (Job 33:15-17) Por sueño, en visión nocturna, cuando el sueño cae sobre los hombres, cuando se adormecen sobre el lecho; entonces revela al oído de los hombres, y les señala su consejo, {él ...: Heb. él revela, o revela} para quitar al hombre de su obra, y apartar del varón la soberbia. {propósito: heb. trabajo}

LA NATURALEZA Y LA OPERACIÓN DEL ESPÍRITU DE ORGULLO

- El espíritu del orgullo se libera para competir con el reinado de Dios.

- El espíritu del orgullo se libera con la intención mortal de reemplazar los planes de Dios (Eclesiastés 7: 8). Mejor es el fin del negocio que su principio; mejor es el sufrido de espíritu que el altivo de espíritu. (Proverbio 18:12) Antes del quebrantamiento se eleva el corazón del hombre, y antes de la honra es el abatimiento.

- El espíritu del orgullo tiene la intención de convertir los corazones de la adoración de Dios a la adoración del logro (Hechos 7:41). Entonces hicieron un becerro, y ofrecieron sacrificio al ídolo, y en las obras de sus manos se regocijaron.

- El espíritu del orgullo lucha en el corazón del hombre para tomar el lugar de Dios y la obra de Jesús. Lo que induce a los hombres a salvar sus vidas, lo cual sabemos que es imposible de alcanzar (1 Samuel 2: 9). El guarda los pies de sus santos, mas los impíos perecen en tinieblas, porque nadie será fuerte por su propia fuerza.

- El espíritu de la intención del Orgullo es introducir una unción falsa (Jeremías 43: 2). Dijo Azarías hijo de Osaías y Johanán hijo de Carea, y todos los varones soberbios dijeron a Jeremías: Mentira dices; no te ha enviado Jehová nuestro Dios para decir: No vayáis a Egipto para morar allí. (Jeremías 28:15-17) Entonces dijo el profeta Jeremías al profeta Hananías: Ahora oye, Hananías: Jehová no te envió, y tú has hecho confiar en mentira a este pueblo... Por tanto, así ha dicho Jehová: He aquí que yo te quito de sobre la faz de la tierra; morirás en este año, porque hablaste rebelión contra Jehová. {rebelión: Heb. Revuelta} ... Y en el mismo año murió Hananías, en el mes séptimo.

- El espíritu del orgullo tiene la intención de cambiar al creyente de la unción de Dios a la sabiduría de los hombres (Corintios 2:5) para que vuestra fe no esté fundada en la sabiduría de los hombres, **sino en el poder de Dios.**

La escritura llama

- o Una mirada orgullosa Proverbios 6:17...Los ojos altivos, la lengua mentirosa, las manos derramadoras de sangre inocente.
- o Alta mentalidad. 2 Timoteo 3:4... traidores, impetuosos, infatuados, amadores de los deleites más que de Dios. (Presunción: - altivo, ser levantado con orgullo, ser orgulloso).

- El plan principal del orgullo es debilitar la palabra de Dios al alma humana.

Isaías 24:4... Se destruyó, cayó la tierra; enfermó, cayó el mundo; enfermaron los altos pueblos de la tierra. {el altivo ...: Heb. la altura de la gente}

- El espíritu del orgullo tienta a las personas a reclamar el talento y la provisión de Dios.

Deuteronomio 8:16-18... que te sustentó con maná en el desierto, comida que tus padres no habían conocido, afligiéndote y probándote, para a la postre hacerte bien; y digas en tu corazón: Mi poder y la fuerza de mi mano me han traído esta riqueza. Sino acuérdate de Jehová tu Dios, porque él te da el poder para hacer las riquezas, a fin de confirmar su pacto que juró a tus padres, como en este día.

Salmos 24:1... De Jehová es la tierra y su plenitud; El mundo, y los que en él habitan. Porque lo fundó sobre los mares, y lo estableció sobre las inundaciones.

- Este espíritu de orgullo ejerce una cierta presión sobre las personas para que sigan adelante en lugar de confiar en el tiempo de Dios.

*(Eclesiastés 7:8) Mejor es el fin del negocio que su
principio; mejor es el sufrido de espíritu que el altivo
de espíritu.*

- El espíritu del orgullo tiene la intención de crear un ambiente
que resista la presencia de Dios. Y Dios resiste la presencia
del orgullo.

*Génesis 4:7... Si bien hicieres, ¿no serás enaltecido? y si
no hicieres bien, el pecado está a la puerta; con todo
esto, a ti será su deseo, y tú te enseñorearás de él.*

- El orgullo lleva a la confianza del propio sacrificio en lugar de
la obediencia a las formas provistas por Dios.

*Proverbios 3:5-6 ... Fíate de Jehová de todo tu corazón,
Y no te apoyes en tu propia prudencia. Reconócelo en
todos tus caminos, Y él enderezará tus veredas.*

Capítulo 37

Espíritu De Opresión Y Tormento (Hechos 16:23-26)

(Salmos72:1) Oh Dios, da tus juicios al rey, y tu justicia al hijo del rey. El juzgará a tu pueblo con justicia, y a tus afligidos con juicio. Los montes llevarán paz al pueblo, y los collados justicia. Juzgará a los afligidos del pueblo, salvará a los hijos del menesteroso, y aplastará al opresor.

El verdadero liderazgo justo equipa, fortalece y abraza las fortalezas de las personas. Mientras que los líderes impíos pretenden oprimir, controlar y atormentar a las personas para que se sometan. Hacen todo lo posible para obstaculizar la creatividad y desalientan la innovación. A menudo, las personas pueden ser talentosas y muy inteligentes, por así decirlo, sin embargo, se mantienen bajo este espíritu. Comienza atrayéndolo a la víctima con aceptación y buena voluntad, pero al final se lanza esa red de opresión y tormento. Lograrán menos y nunca parecerán distinguirse en la vida. Es como si hubiera habido un arresto por desarrollo porque la opresión y el tormento actúan como carceleros de la vida.

Estos pueden tomar la forma de dilación, pereza, adicción, descuido, falta de seriedad y un espíritu de fiesta de desperdicio.

- El espíritu de opresión es un captor... el que coloca a las personas en las cárceles de la vida.
- El espíritu del opresor es el espíritu del carcelero, que incluso se suicidaría cuando escapen de sus prisiones. En otras palabras, no tiene planes de dejar escapar a nadie, pero con Jesús se rompen todas las cadenas.
- El espíritu de opresión es el cazador que pone una trampa.

  Salmos 91:3... Él te librará del lazo del cazador, de la peste destructora.

- El espíritu de opresión es el opresor de los dones y talentos.

  Mateo 25:25... por lo cual tuve miedo, y fui y escondí tu talento en la tierra; aquí tienes lo que es tuyo.

- El espíritu de opresión es el fortalecedor y el guardián de las puertas de la prisión... el espíritu que fortalece la esclavitud.

  (Isaías 14:16-17) Se inclinarán hacia ti los que te vean, te contemplarán, diciendo: ¿Es éste aquel varón que hacía temblar la tierra, que trastornaba los reinos; que puso el mundo como un desierto, que asoló sus ciudades, que a sus presos nunca abrió la cárcel?

- El espíritu de opresión es el torturador que usa el espíritu del miedo.

(1 Juan 4:18) En el amor no hay temor, sino que el perfecto amor echa fuera el temor; porque el temor lleva en sí castigo. De donde el que teme, no ha sido perfeccionado en el amor.

- El espíritu de opresión son los elementos bajo los cuales muchos operan (Gálatas 4:3) Así también nosotros, cuando éramos niños, estábamos en esclavitud bajo los rudimentos del mundo: {elementos: o rudimentos}

… esa palabra "elementos" o "stoicheions" se refiere a algo en una disposición ordenada o sistemática. El mundo dirá que los problemas vienen de tres en tres, eso es una confesión del pozo del infierno; sin embargo, el mundo desconoce cuán verdadera es esa expresión. En pocas palabras, Satanás no es casual: hay un método para su locura... hay carácter en su locura.

Pero ha fallado en su nombre. Satanás es el primer asesino en serie (Juan 8:44a) Vosotros sois de vuestro padre el diablo, y los deseos de vuestro padre queréis hacer. Él ha sido homicida desde el principio, y no ha permanecido en la verdad, porque no hay verdad en él. Cuando habla mentira, de suyo habla; porque es mentiroso, y padre de mentira.

Sin embargo, la palabra "elementos" también puede referirse a una sustancia que consiste en un solo tipo de átomo. Hacer su estado o formación es fácil de entender. Se puede decir que esta sustancia tiene una característica elemental o necesita mejorar o desarrollarse. La escritura lo llama elementos mendigos.

(Gálatas 4:9) mas ahora, conociendo a Dios, o más bien, siendo conocidos por Dios, ¿cómo es que os volvéis de nuevo a los débiles y **pobres rudimentos**, a los cuales os queréis volver a esclavizar?

Entonces, donde Satanás tiene éxito en algunas áreas, sus tácticas siguen siendo mendigantes en contraste con el reino de Dios. En otras palabras, engaña a las personas con esquemas simples A, B, C, D. Elija hoy caminar sobre él al ascender al Reino de Dios.

Carácter del espíritu de opresión:

- Este es el ejecutor de las ataduras (pero con la oración, pierde su control).

  Gálatas 5:1... Estad, pues, firmes en la libertad con que Cristo nos hizo libres, y no estéis otra vez sujetos al yugo de esclavitud.

- Ese espíritu de opresión es ese látigo invisible que parece azotar a sus víctimas...

  (Proverbios 26:3) El látigo para el caballo, el cabestro para el asno, y la vara para la espalda del necio.

- Esta asignación espiritual es atacar la paz de Dios... pero falla todo el tiempo.

Colosenses 3:15... Y la paz de Dios gobierne en vuestros corazones, a la que asimismo fuisteis llamados en un solo cuerpo; y sed agradecidos.

Romanos15:33... Y el Dios de paz sea con todos vosotros. Amén.

Romanos 16:20... Y el Dios de paz aplastará en breve a Satanás bajo vuestros pies. La gracia de nuestro Señor Jesucristo sea con vosotros. {hematoma: o rodadura}

- Ese espíritu es enviado para inflar los dolores en la vida.

(Apocalipsis 21:4) Enjugará Dios toda lágrima de los ojos de ellos; y ya no habrá muerte, ni habrá más llanto, ni clamor, ni dolor; porque las primeras cosas pasaron.

- Su plan es llevar a cabo los hostigamientos de Satanás.

Hechos 10:38... cómo Dios ungió con el Espíritu Santo y con poder a Jesús de Nazaret, y cómo éste anduvo haciendo bienes y sanando a todos los oprimidos por el diablo, porque Dios estaba con él.

- Su plan es sostener al individuo como un bebé.

Gálatas 4:1... Pero también digo: Entre tanto que el heredero es niño, en nada difiere del esclavo, aunque es señor de todo.

La palabra niño es una traducción de la palabra Nepios, que conlleva la implicación de un bebé, un dependiente, uno que necesita ser alimentado y uno que siempre es vulnerable.

Un cristiano es un converso... una persona transformada, una con un nuevo impulso interno, totalmente diferente de donde él / ella alguna vez estuvo (Efesios 5:8) Porque <u>en otro tiempo erais tinieblas</u>, mas ahora sois luz en el Señor; andad como hijos de luz.

La iglesia, aunque tiene años, todavía se comporta como un bebé... no como un bebé cristiano, sino como uno inmaduro, que se niega a crecer en paciencia, amor y comprensión, y en conocimiento.

PUNTO DE ORACIÓN

➢ (Salmos 146:7) Que hace justicia a los agraviados, que da pan a los hambrientos. Jehová liberta a los cautivos.

➢ Romanos 12:17-19... No paguéis a nadie mal por mal; procurad lo bueno delante de todos los hombres. Si es posible, en cuanto dependa de vosotros, estad en paz con todos los hombres. No os venguéis vosotros mismos, amados míos, sino dejad lugar a la ira de Dios; porque escrito está: Mía es la venganza, yo pagaré, dice el Señor. RVR1960

Capítulo 38

Destrucción Del Espíritu De Temor Y Temporalidad

(2Timoteo 1:7) Porque no nos ha dado Dios espíritu de cobardía, sino de poder, de amor y de dominio propio.

Dios niega que Él no sea el dador de este espíritu de miedo, por lo tanto, permítanos (Hebreos 2:14-15) Así que, por cuanto los hijos participaron de carne y sangre, él también participó de lo mismo, para destruir por medio de la muerte al que tenía el imperio de la muerte, esto es, al diablo; y librar a todos los que por el temor de la muerte estaban durante toda la vida sujetos a servidumbre.

Las escrituras están claras en que el diablo usa el miedo para cautivar a las personas.

- El espíritu del miedo hará que muchos huyan de la presencia de Dios.
- El espíritu del miedo nos hará dar una interpretación falsa a los planes de Dios.

- El espíritu del miedo es el creador de excusas de todo tipo para evitar la responsabilidad.
- El espíritu del miedo causará la fusión del corazón ante la oposición.
- El espíritu del miedo se mantendrá como un oponente de la voz de Dios.
- El espíritu del miedo se disfrazará como la voz del razonamiento y la lógica.
- El espíritu del miedo hará que uno niegue el Amor de Dios (1Juan 4:18) En el amor no hay temor, sino que el perfecto amor echa fuera el temor; porque el temor lleva en sí castigo. De donde el que teme, no ha sido perfeccionado en el amor.
- El espíritu del miedo hará que uno se concentre solo en la debilidad e imposibilidades (Job 11:15) Entonces levantarás tu rostro limpio de mancha, y serás fuerte, y nada temerás.
- El espíritu del miedo hará que la fe se cortocircuite.

EL MIEDO TIENE MUCHAS CARAS (FOBIA)

Miedo al fracaso / miedo a las personas, miedo a los animales, miedo a las alturas, miedo a lugares estrechos, miedo a la profundidad, miedo al dolor, miedo al liderazgo, miedo al trabajo, miedo a los hombres, miedo a las mujeres, miedo a la muerte, miedo de enfermedad, miedo a la multitud, miedo a la atención, miedo a DIOS / miedo al agua y miedo a los insectos.

Sin embargo, donde se tolera el miedo, la fe está contaminada. El miedo puede inducir a error a muchos a pensar que es solo un sentimiento, pero la escritura lo declara un espíritu. Si es un espíritu, entonces tiene una mente y una misión. Es intencional y se envía para descarrilar a la víctima de la fe en Dios.

PUNTO DE ORACIÓN

➢ (Deuteronomio 3:22) **No los temáis**; porque Jehová vuestro Dios, él es el que pelea por vosotros.

➢ (2 Reyes 17:35) con los cuales Jehová había hecho pacto, y les mandó diciendo: No temeréis a otros dioses, ni los adoraréis, ni les serviréis, ni les haréis sacrificios.

¿CÓMO COMBATO Y DERROTO EL MIEDO?

✓ Con el amor de Dios.

*1 Juan 4:18... En el amor no hay temor, sino que el perfecto **amor** echa fuera el temor; porque el temor lleva en sí castigo. De donde el que teme, no ha sido **perfeccionado** en el **amor**.*

✓ Por la confesión de Dios Palabra.

Romanos10:17... Así que la fe es por el oír, y el oír, por la palabra de Dios.

✓ Confianza en el sistema protector y preventivo que Dios, que se encuentra en la sangre de Jesús

(Salmos 27:3) Aunque un ejército acampe contra mí, no temerá mi corazón; aunque contra mí se levante guerra, yo estaré confiado.

Capítulo 39

Destrucción Del Espíritu Del Divorcio

Siempre es bueno tener en cuenta que existe lo natural y luego están los reinos espirituales respectivamente. Según Hebreos 11:3, lo natural encuentra sus raíces en los reinos espirituales. Hacer que las actividades se desarrollen en lo natural de modo que sean un reflejo de lo que está ocurriendo en los reinos espirituales. Entonces, cuando tomamos las cosas solamente por su valor nominal, nos convertimos en víctimas de la vida.

> *(Hebreos 11:3) Por la fe entendemos haber sido constituido el universo por la palabra de Dios, de modo que lo que se ve fue hecho de lo que no se veía...*

> *(Juan 6:63) El espíritu es el que da vida; la carne para nada aprovecha; las palabras que yo os he hablado son espíritu y son vida.*

En otras palabras, hay una dimensión espiritual en todo lo que ve a su alrededor con sus ojos físicos: el mundo visto fue hecho del mundo invisible...

(Malaquías 2:16) Porque Jehová Dios de Israel ha dicho que él aborrece el repudio, y al que cubre de iniquidad su vestido, dijo Jehová de los ejércitos. Guardaos, pues, en vuestro espíritu, y no seáis desleales.

(Mateo 5:31-32) También fue dicho: Cualquiera que repudie a su mujer, dele carta de divorcio: pero yo os digo que el que repudia a su mujer, a no ser por causa de fornicación, hace que ella adultere; y el que se casa con la repudiada, comete adulterio.

(Mateo 19:8) Él les dijo: Por la dureza de vuestro corazón Moisés os permitió repudiar a vuestras mujeres; mas al principio no fue así.

Otra palabra para el divorcio es "sacar".

(Malaquías 2:16) Porque Jehová Dios de Israel ha dicho que él aborrece el repudio, y al que cubre de iniquidad su vestido, dijo Jehová de los ejércitos. Guardaos, pues, en vuestro espíritu, y no seáis desleales.

LA NATURALEZA DEL ESPÍRITU DEL DIVORCIO

- El espíritu del divorcio es de naturaleza violenta. Opera en los reinos del espíritu de la muerte.
- El espíritu del divorcio se libera para alejar a una persona de disfrutar de inversiones a largo plazo.
- El espíritu del divorcio instiga violentamente a las personas a cubrir sus faltas y errores.

(Salmos 66:18) Si en mi corazón hubiese yo mirado a la iniquidad, el Señor no me habría escuchado.

- El espíritu de divorcio instiga la traición de la confianza (su trabajo es llevar al individuo a la traición

(Malaquías 2:16... Porque Jehová Dios de Israel ha dicho que él aborrece el repudio, y al que cubre de iniquidad su vestido, dijo Jehová de los ejércitos. Guardaos, pues, en vuestro espíritu, y no seáis desleales. Esto significa: violar la fe, traicionar la confianza.

- La intención del espíritu de divorcio es instigar a uno a abandonar lo que es valioso para un reemplazo (por ejemplo, la esposa que le ha dado hijos a un hombre, descartada por el hombre después de haberse desgastado por años de maternidad y deberes domésticos).
- El último deseo de divorciarse es hacer que una persona esté espiritualmente desnuda. "Cubre la violencia con su prenda... aumenta la violencia sobre su prenda", la prenda aquí se toma en sentido figurado para la esposa como en la referencia de la esposa en Génesis 20:15-16; Rut 3: 9, y Ezequiel 16: 8 como "PRENDAS".
- Este espíritu de divorcio es también un espíritu de desgracia... porque trata de exponer al creyente al ridículo. No serás... Como un pastor que no está casado... reza y reprende por el futuro... no solo aquellos que están casados se divorcian.
- Este espíritu también funciona en los solteros, donde antes de que incluso vayan a la primera cita, ese espíritu feo ya está despertando... No estoy diciendo que debamos seguir adelante y agarrar a un compañero por la fuerza... Escucha, pero hay un lugar donde la humildad y la oración nos ayudarán a abrir

los ojos y romper su control y permitirán que Dios nos haga esperar hasta que tengamos un testimonio.

Job 14:14... Si el hombre muriere, ¿volverá a vivir? Todos los días de **mi** *edad esperaré,* **hasta que venga** *mi liberación.*

- Este espíritu ha instigado ciertas leyes gubernamentales que le dan un lugar en el hogar de los recién casados. Esta ley le da a la pareja la sensación y una opción fácil de optar por el más mínimo estrés. Cómo necesitamos líderes piadosos para resistir la maldad de Satanás.

2 Crónicas 26:5... Y persistió en buscar a Dios en los días de Zacarías, entendido en visiones de Dios; y en estos días en que buscó a Jehová, él le prosperó.

- El espíritu de divorcio agitará el corazón para rendirse. Ataca la fuerza y la primera convicción del individuo, lo incita a renunciar a su primer amor en el matrimonio y en la vida en general.

(Apocalipsis 2:4-5) Pero tengo contra ti, que has dejado tu primer amor. Recuerda, por tanto, de dónde has caído, y arrepiéntete, y haz las primeras obras; pues si no, vendré pronto a ti, y quitaré tu candelero de su lugar, si no te hubieres arrepentido. (Proverbios 24:10) Si fueres flojo en el día de trabajo, tu fuerza será reducida.

- El espíritu del divorcio ignora la ayuda y el consejo.

(Proverbios 24:6) Porque con ingenio harás la guerra, y en la multitud de consejeros está la victoria.

(Proverbios 28:13) El que encubre sus pecados no prosperará; mas el que los confiesa y se aparta alcanzará misericordia.

- El objetivo final del espíritu de divorcio es desestabilizar sus semillas. No solo ataca a la familia inmediata, sino que su intención es desestabilizar a la próxima generación, para que no encuentren el camino de regreso. (Salmos 78:6) Para que lo sepa la generación venidera, y los hijos que nacerán; y los que se levantarán lo cuenten a sus hijos.

- El espíritu del divorcio vive y trabaja con un propósito en mente: evitar que la próxima generación produzca esa semilla sagrada para Dios.

  - La mayoría de las personas que salen de una familia separada terminarán separándose.

  - La mayoría de las personas que ven a su padre darse por vencido terminarán por rendirse.

  - La mayoría de las personas que ven a sus padres nunca lo intentan, nunca entenderán cómo romper las barreras.

  - La mayoría de la gente está satisfecha con darse por vencida y detener la pelea en lugar de hacer todo lo posible.

  - Ayunar, rezar, adorar. Después de ese ayuno, reza, adora de nuevo; y luego, una y otra y otra vez (Efesios 6:13-14). Por tanto, tomad toda la armadura de Dios, para que podáis resistir en el día malo, y habiendo acabado todo, **estar firmes**. Estad, pues, **firmes**, ceñidos vuestros lomos con la verdad, y vestidos con la coraza de justicia;

  - (Filipenses 4:4) <u>Regocijaos en el Señor siempre</u>. Otra vez digo: <u>¡Regocijaos!</u>

Capítulo 40

DESTRUCCIÓN DEL ESPÍRITU DEL ABORTO

(Éxodo 23:26) No habrá mujer que aborte, ni estéril en tu tierra; y yo completaré el número de tus días. (RVR1960)

Hay dos tipos de abortos:

1. Existe el aborto voluntario donde se extrae el embrión o el feto del útero para terminar un embarazo.
2. Existe el aborto espontáneo, también conocido como aborto espontáneo.

El aborto es la terminación de la vida. Todos los creados por Dios están hechos por una razón específica y llevan la misión y visión de Dios para el planeta. Dios ve el aborto como violencia contra los débiles y vulnerables. Es aprovechar a los que no tienen voz. Es el proceso de alejarse de los planes y propósitos de Dios fuera de la tierra.

Cada vez que Satanás logra matar; él detiene los intentos de Dios de silenciar las voces proféticas, enviadas para redimir la tierra de la decadencia. Siempre necesitaremos nuevas voces en el planeta y nuestra generación se ha puesto del lado del enemigo en muchos frentes.

Así como Faraón y Herodes fueron tras Moisés y Jesús, hay un movimiento masivo de Faraones y Herodes espirituales en la campaña para terminar con las voces proféticas. Pero no tendrán éxito. Siempre que haya un Moisés, habrá un faraón. Siempre que haya Jesús, habrá un Herodes. Entonces, la oración es esencial para proteger nuestros futuros Moisés y Jesús.

Sin duda, el aborto es un tema delicado para tratar. La sociedad tiene innumerables razones lógicas por las que debe realizarse; (por ejemplo, bebé fuera del matrimonio (en algunas culturas); padres incapaces de cuidar al bebé; bebé que probablemente tenga una calidad de vida inferior; feto incapaz de sobrevivir fuera del útero de la madre; peligro para la madre; niño concebido en una situación de violación, pero esto no es la norma. En general, se debe culpar a la promiscuidad en muchos casos y Satanás es la raíz de todo). La Biblia es clara sobre el hecho de que un niño es el plan de Dios, incluso antes de su concepción. Por ejemplo:

✓ Primero: cuando Dios se refiere a la humanidad, no dice "seres humanos". Utiliza términos como "hombre / mujer / hijo / hija / bebé / bebé". Estos términos los usa para los niños no nacidos.

✓ Segundo: la Biblia nunca hace una distinción entre feto e hijos.

✓ Tercero: la escritura es clara sobre este punto: el cuerpo sin espíritu está muerto (Santiago 2:26). Por lo tanto, en todas partes esto es movimiento y es forma de vida, lleva el sello de Dios.

✓ Cuarto: la sangre es la vida: (Deuteronomio 12:23).

Evidencia bíblica de la vida en el útero

✓ Las Escrituras se refieren a los no nacidos en los úteros de Rebeca como dos naciones, luchando dentro de ella. En lo que respecta a Dios, se dirige a estos bebés como naciones. Cualquiera que termine una vida simplemente ha terminado un plan nacional de Dios (Génesis 25: 21,22)

✓ Job (Job 3:3) Perezca el día que yo nací, y la noche en que se dijo: varón es concebido. A pesar de que este texto nace del dolor de Job; Connota el énfasis de que fue llamado hombre en el útero antes del nacimiento. Él fue más allá al enfatizar, (Job 3:16) O como un nacimiento prematuro oculto que no había sido; como niños que nunca vieron la luz. Entonces Él se refiere aquí a una vida. Decir que sí, incluso si aún no ha visto la luz, no elimina los hechos, que ya existe una existencia.

✓ Juan el Bautista, a quien Dios envió antes que Jesús como precursor. Debía preparar los corazones de sus oyentes para recibir al mesías. Cuando era un bebé en el útero, lo vimos responder al servicio mientras saltaba de alegría cuando ambas madres se pusieron en contacto. Lucas 1.

✓ La madre de Sansón recibió dietas estrictas para preservar al bebé en el útero. Sansón era un hijo de promesa. Dios lo llamó Nazareno desde el útero. No tenía que estar en el suelo para caminar en su asignación dada por Dios. Jueces 13.

- ✓ Dios llamó y ordenó a Jeremías mucho antes de que lo encontraran en el vientre de su madre. Este es el más poderoso, incluso concebir que Jeremías ya tenía la cabeza ungida en el espíritu para una asignación terrenal. Esta es la razón por la cual el aborto es una rebelión en contra de Dios. Jeremías 1:4-5.

- ✓ En palabras de Eva, que la humanidad encuentre los primeros pasos para comprender el propósito de la vida en el útero en las perspectivas de Dios; Génesis 4:1... Y Adán conoció a Eva su esposa; Y concibió, y dio a luz a Caín, y dijo: He recibido un hombre del SEÑOR. Aquí hay otra traducción... El hombre Adán conocía a su esposa Eva íntimamente. Ella quedó embarazada y dio a luz a Caín, y dijo: "He dado vida a un hombre con la ayuda del Señor.

Entonces, es cierto, tenemos bebés y ellos se ven, hablan y se comportan como nosotros, sin embargo, es con la ayuda de Dios que realmente podemos participar en este hermoso proceso de vida.

LA NATURALEZA DEL ESPÍRITU DE ABORTO

Como en lo físico, así es en el espíritu. Hay un intento deliberado por parte del enemigo de extraer con fuerza del útero de su espíritu, su feto espiritual o embarazo. Su visión y su sueño se comparan con el feto. Es posible que no vea su visión en lo natural, pero está viva y está muy bien en los reinos de los espíritus esperando a nacer.

El espíritu del aborto es un espíritu de violencia, cuyo objetivo es asestar un golpe mortal a los sueños y llamamientos del individuo en su etapa embrionaria.

Este espíritu de aborto tiene la misma naturaleza que el espíritu de muerte e infierno, excepto que este espíritu de aborto tiene una tarea específica para apuntar a la etapa del feto.

Como ya hemos comparado, en el reino espiritual los fetos son sueños, visión, pensamientos, ideas y profecías de la palabra de Dios.

Isaías 55:11... sí será **mi palabra** que sale de mi boca; no volverá a mí vacía, sino que hará lo que yo quiero, y será prosperada en aquello para que la envié.

En palabras, la palabra de Dios hablada en el espíritu del hombre se convierte en esa santa concepción que El Señor quiere que se haga realidad.

(Lucas 1:38) Entonces María dijo: He aquí la sierva del Señor; hágase conmigo conforme a tu palabra. Y el ángel se fue de su presencia.

Tan pronto como se libera la palabra, el enemigo se enfurece para tratar de abortar el plan de Dios. Satanás libera sus fuerzas. Enmascarado en la vida cotidiana, las enfermedades y las condiciones de vida desafortunadas, trata de vencer a las personas para que sucumban a una vida de mediocridad y cumplimiento. Las personas se vuelven contenidas y dejan de intentarlo. Me encantaría animarte, hasta el final, para que no te rindas y sigas desafiando la resistencia.

4 ESTADOS DE ABORTO

1. **Condición abortiva...** Las primeras 12 semanas son cruciales para el desarrollo del niño. La radiación, los virus y las drogas pueden causar anormalidades en el sistema nervioso central y los ojos; y los virus pueden causar sordera y malformación cardíaca.

Se dice que el útero de la madre es el lugar más seguro del planeta para el bebé. Es en estos entornos de crianza que el bebé necesita continuar creciendo para alcanzar un bebé maduro y saludable.

2. **Nutrición abortiva...** Algunas personas, sin darse cuenta de su condición de embarazadas, han tomado drogas, lo que resulta en la pérdida de su embarazo. Del mismo modo, en el espíritu, un giro o movimiento puede significar daño o una bendición.

Necesitamos nutrición espiritual cuando llegamos a conocer a Cristo. Su visión es fuerte como la luz que lleva. Es tan poderoso como su comprensión. Su dieta espiritual determina cómo crece y toma forma su visión.

Rezo por usted la bendición.

(1Pedro 2:2) Desead, como niños recién nacidos, la leche espiritual no adulterada, para que por ella crezcáis para salvación.

(Jeremías 15:16) Fueron halladas tus palabras, y yo las comí; y tu palabra me fue por gozo y por alegría de mi corazón; porque tu nombre se invocó sobre mí, oh Jehová Dios de los ejércitos. (Juan 6:54) El que come mi carne y bebe mi sangre, tiene vida eterna; y yo le resucitaré en el día postrero.

3. Las **situaciones abortivas** son lugares y situaciones que lastimarán tu caminar con Dios y terminarán abortando lo

que ha concebido por mucho tiempo. (1 Reyes13:14) Y yendo tras el varón de Dios, le halló sentado debajo de una encina, y le dijo: ¿Eres tú el varón de Dios que vino de Judá? Él dijo: Yo soy.

4. **Agentes abortivos** (1Reyes 13:18) Y el otro le dijo, mintiéndole: Yo también soy profeta como tú, y un ángel me ha hablado por palabra de Jehová, diciendo: Tráele contigo a tu casa, para que coma pan y beba agua.

SIETE METAS DEL ESPÍRITU DE ABORTO

1. PREVENIR A DIOS EL GRAN PLAN DE REDENCIÓN (Mateo 1:21) Y ella dará a luz un hijo, y llamarás su nombre JESÚS: porque él salvará a su pueblo de sus pecados. (¿QUÉ HA TRAÍDO DIOS A SU FORTALEZA?)
2. OBTENER O DETENER SU VOZ DE PROFECÍA (Habacuc 2: 3) Porque la visión todavía es por un tiempo determinado, pero al final hablará y no mentirá: aunque se demore, espere; porque seguramente vendrá, no se demorará.
3. FRUSTRAR SU FUTURO DESARROLLO (Isaías 40:31) Pero los que esperan al SEÑOR renovarán sus fuerzas; se levantarán con alas como águilas; correrán y no se cansarán; y andarán, y no se desmayarán.
4. CAUSARLE UNA CARGA DEMASIADO PESADA PARA TRAERLO AL FUTURO (Mateo 28:11).
5. DESARMAR LA FUERZA DE JUSTICIA (Isaías 61: 3) Para nombrar a los que lloran en Sión, para darles belleza por cenizas, el aceite de alegría por el duelo, la vestimenta de alabanza por el espíritu de pesadez; para que sean llamados árboles de justicia, la plantación de Jehová, para que sea glorificado.

6. CAUSAR ARREPENTIMIENTO EN EL ALMA: un alma quebrantada no puede llevar el destino (Salmo 23: 3).

7. CEGARTE A LA SEMILLA DE DIOS EN USTED... PARA CAUSAR LA DISTRACCIÓN.

Capítulo 41

Espíritu De Vergüenza

El espíritu de la vergüenza es la voz risueña de la burla.

El espíritu de la vergüenza es ese resaltador de fallas y grietas en la vida.

El espíritu de la vergüenza es ese velo que cubre al individuo.

El espíritu de la vergüenza es un espíritu difamador.

El espíritu de la vergüenza es quien recoge las disputas.

El espíritu de la vergüenza es la voz sarcástica.

El espíritu de vergüenza matará todas las formas de expresiones de acción de gracias.

El espíritu de vergüenza es responsable de la creación de pequeños pecados.

El espíritu de vergüenza es el dedo que señala los problemas que ya están bajo la Sangre.

El espíritu de la vergüenza será utilizado por el enemigo para mostrar la desnudez.

El espíritu de la vergüenza busca avergonzar al individuo con bajas repentinas.

El espíritu de la vergüenza busca hacer que uno trabaje sin logros (Rut 2:15) Y cuando ella se levantó para espigar, Booz ordenó a sus jóvenes, diciendo: Dejen que espiga incluso entre las gavillas, y no la reprochen: {reproche ...: Heb. no la avergüences}

PUNTO DE ORACIÓN

> ➤ (2 Crónicas 32:21) Y Jehová envió un ángel, el cual destruyó a todo valiente y esforzado, y a los jefes y capitanes en el campamento del rey de Asiria. Este se volvió, por tanto, avergonzado a su tierra; y entrando en el templo de su dios, allí lo mataron a espada sus propios hijos. {mató ...: Heb. lo hizo caer}

El espíritu de vergüenza se ríe del momento perdedor y se burla del momento ganador (Salmo 42:10). Como quien hiere mis huesos, mis enemigos me afrentan, diciéndome cada día: ¿Dónde está tu Dios?

El espíritu de vergüenza adquiere la personalidad del acusador de los hermanos.

El espíritu de vergüenza quiere que la gente se ría de su Dios. En el ambiente de la vergüenza, incluso el mejor comportamiento se adaptará lentamente a la cultura de la vergüenza. Comprenda que la vergüenza puede dar poder a los malvados de corazón porque puede ser una herramienta de represión e intimidación. Cuando Dios libera, también destruye el poder de la vergüenza. No tiene que avergonzarse de su condición pasada o presente; saber que Dios la llamada final.

PERO USTED REIRÁ DE ÚLTIMO

(Salmos 59:11) No los mates, para que mi pueblo no olvide; dispérsalos con tu poder, y abátelos, Oh Jehová, escudo nuestro.

> *(Sofonías 3:19) He aquí, en aquel tiempo yo apremiaré a todos tus opresores; y salvaré a la que cojea, y recogeré la descarriada; y os pondré por alabanza y por renombre en toda la tierra. {obtener ...: Heb. ponlos a alabar} {donde ...: Heb. de su vergüenza}*

La intención del espíritu de vergüenza es traer una vida de llanto y tristeza.

> *(Salmos 30:5) Porque un momento será su ira, pero su favor dura toda la vida. Por la noche durará el lloro, y a la mañana vendrá la alegría. {su ira ...: Heb. solo hay un momento en su ira} {por una noche: Heb. en la tarde} {alegría: Heb. canto}*

El espíritu de vergüenza y pobreza corren juntos (Proverbios 13:18) Pobreza y vergüenza tendrá el que menosprecia el consejo; mas el que guarda la corrección recibirá honra.

¿CUÁNDO EL ESPÍRITU DE VERGÜENZA TIENE UNA MANO SUPERIOR?

> (Proverbios 11:2) Cuando viene la soberbia, viene también la deshonra; mas con los humildes está la sabiduría.

Cuando rechazamos la sabia instrucción.
Cuando permitimos que el espíritu de orgullo nos gobierne.
Cuando se niega a dejar ir el pasado.
Cuando elegimos permanecer en ambientes tóxicos.
Cuando actuamos de maneras que no se alinean con la voluntad de Dios.

Cuando vemos la lente de otros.

Cuando nos negamos a lidiar con filtros vergonzosos en nuestras mentes.

Cuando nos juzgamos injustamente a nosotros mismos y a nuestros logros.

Cuando seguimos comparando nuestras vidas con los "colmos" de los demás.

Cuando no estamos satisfechos con las cosas que tenemos.

Cuando pensamos mal en nuestro logro, sin importar cuáles sean.

Cuando nos negamos a aceptar la palabra de Dios sobre la belleza y el amor.

PUNTO DE ORACIÓN

➤ **Heredar la gloria** (Proverbios 3:35) Los sabios heredarán honra, mas los necios llevarán ignominia. (Oseas 4:7) Conforme a su grandeza, así pecaron contra mí; también yo cambiaré su honra en afrenta.

➤ **"Me arranco todo reproche y vergüenza de la cara"** (Salmos 69:19) Tú sabes mi afrenta, mi confusión y mi oprobio; delante de ti están todos mis adversarios. (Salmos 119:22) Aparta de mí el oprobio y el menosprecio, porque tus testimonios he guardado.

Capítulo 42

Destrucción Del Espíritu De Inmoralidad

(Génesis 9:20- 21). (1 Corintios 6:13-20) Las viandas para el vientre, y el vientre para las viandas; pero tanto al uno como a las otras destruirá Dios. Pero el cuerpo no es para la fornicación, sino para el Señor, y el Señor para el cuerpo. Y Dios, que levantó al Señor, también a nosotros nos levantará con su poder. ¿No sabéis que vuestros cuerpos son miembros de Cristo? ¿Quitaré, pues, los miembros de Cristo y los haré miembros de una ramera? De ningún modo. ¿O no sabéis que el que se une con una ramera, es un cuerpo con ella? Porque dice: Los dos serán una sola carne. Pero el que se une al Señor, un espíritu es con él.

Hay tres antojos principales de lo humano:

Comida

Dormir

Sexo

Estos antojos fueron iniciales de Dios:

- La inmoralidad describe a un individuo que no intenta frenar la autocomplacencia.

  El espíritu de inmoralidad estimula y aprueba la autocomplacencia en grados ilimitados.

- La inmoralidad describe a un individuo que tiene un carácter privado y que busca voluntariamente el mal y la crueldad.

  Huid de la fornicación. Cualquier otro pecado que el hombre cometa, está fuera del cuerpo; mas el que fornica, contra su propio cuerpo peca. (1 Corintios 6:18)

- La inmoralidad también expone al individuo a un apetito desenfrenado.

  El espíritu de inmoralidad tiene como objetivo romper la restricción divina que conduce a una vida bendecida. (Joel 1:14) Proclamad ayuno, convocad a asamblea; congregad a los ancianos y a todos los moradores de la tierra en la casa de Jehová vuestro Dios, y clamad a Jehová, {solemne ...: o, día de moderación}

  La palabra "rápido" es en realidad una palabra que describe la forma en que Dios enseña al creyente a vivir una vida de moderación. Entonces, aquellos que realmente ayunan y oran desde el corazón difícilmente pueden volverse inmorales.

- La inmoralidad es un problema del corazón. (Mateo 15:19-20) (Mateo 5:28) Pero yo os digo que cualquiera que mira a una mujer para codiciarla, ya adulteró con ella en su corazón.

El espíritu de inmoralidad es tentar a pecar contra el cuerpo, lo que, en su plenitud, conduce a la muerte (Santiago 1:15) Entonces la concupiscencia, después que ha concebido, da a luz el pecado; y el pecado, siendo consumado, da a luz la muerte. En otras palabras, cuando estos antojos básicos no son restringidos por la oración, el ayuno y la adoración, alejarán al creyente de esa vida bendecida. Por lo tanto, comer sin restricciones conduce a la muerte del cuerpo - enfermedades. (1 Corintios 6:13) El sueño desenfrenado conduce a la pobreza (falta de visión, falta de financiación, pereza) (Proverbios 6:10-11) El sexo sin restricciones (fornicación / condena de sexo soltero) conduce a la muerte espiritual (1 Corintios 6:18).

- El espíritu de inmoralidad trae enfermedades y dolencias.

- El espíritu de inmoralidad conducirá a la auto adoración...

(Filipenses 3:19) cuyo fin es la destrucción, cuyo Dios es su vientre, y cuya gloria está en su vergüenza, a quienes les importan las cosas terrenales.

El espíritu de inmoralidad es una de las obras de la carne (Gálatas 5:19-21).

- La inmoralidad en última instancia conducirá a una vida de harapos (Proverbios 23:21) Porque el borracho y el glotón caerán en la pobreza; y la somnolencia vestirá a un hombre con harapos.

Capítulo 43

ESPÍRITU DE EMBRIAGUEZ

La embriaguez significa que un individuo está fuera de sí, no tiene el control... fuera de límites. También es un estado de intoxicación. Una persona en ese estado generalmente está bajo la influencia de una sustancia intoxicante. En el ámbito espiritual, un individuo puede intoxicarse con eso, puede perderse en cierto exceso y al final perder su religión y espiritualidad. Rezo para que esto no sea de ti.

TIPOS DE EMBRIAGUEZ

1. Poder borracho
2. Sexo borracho
3. Belleza borracha
4. Dinero borracho
5. Posición borracho
6. Calificación Borracho
7. Estado borracho
8. Auto borracho
9. Control borracho
10. Atención borracho

11. Envidia borracha
12. Comida borracha
13. Alcohol borracho
14. Fumando borracho
15. Salida borracho
16. Compras borracho
17. Trabajando borracho
18. Fama borracha

- El espíritu de embriaguez tiene la intención de traer a un individuo una personalidad extraña.
- El espíritu de embriaguez tiene como objetivo exponer a un individuo a una atención extraña.
- El espíritu de embriaguez instiga palabras impías (es decir, cambiará sus palabras a maldiciones).

Espíritu de embriaguez (intoxicación, intoxicación espiritual / intoxicación natural). Este es el estado donde uno es controlado por la sustancia.

Estar borracho en el espíritu se recomienda en la Biblia. (Efesios 5:18) Y no se embriaguen con vino, que es excesivo; pero sed llenos del Espíritu.

Sin embargo, desde la vida de Noé, sabemos que la embriaguez una vez más resultó en la liberación de la maldición en la tierra. La tendencia a emborracharse es muy alta cuando uno no se vuelve templado para elegir estar sobrio relajándose en la comodidad derivada de la sabiduría provista por Dios y su palabra a los medios mundanos de comodidad y socialización.

PUNTOS DE ORACIÓN

➢ En los días en que se siente tentado a agregar sustancia
para encontrar consuelo en otro lugar.

*Colosenses 2:10... y vosotros estáis completos
en él, que es la cabeza de todo principado y
potestad.*

Capítulo 44

Destrucción Del Espíritu De La Brujería Y Espíritu De La Idolatría

El espíritu de brujería también se conoce como el espíritu de Control Mental. (Ezequiel 13:18-21).

La intención de Satanás es reunir las mentes de todos los habitantes de la tierra para que al final logre que lo adoren.

El espíritu de brujería se refiere a lanzar hechizos o conjurar espíritus sobre las personas, mientras que Dios exige una relación voluntaria.

Dios advierte en el Antiguo Testamento en Deuteronomio 18:9-12

9 Cuando entres a la tierra que Jehová tu Dios te da, no aprenderás a hacer según las abominaciones de aquellas naciones.

10 No sea hallado en ti quien haga pasar a su hijo o a su hija por el fuego, ni quien practique adivinación, ni agorero, ni sortílego, ni hechicero,

11 ni encantador, ni adivino, ni mago, ni quien consulte a los muertos.

12 Porque es abominación para con Jehová cualquiera que hace estas cosas, y por estas abominaciones Jehová tu Dios echa estas naciones de delante de ti.

Este espíritu de brujería causa o conduce a las personas a impulsos y pensamientos incontrolables. (Ciertas emociones y sentimientos surgen inesperadamente. La personalidad de la persona está marcada por cambios de humor serios).

El espíritu de brujería literalmente atormenta recuerdos del pasado.

El espíritu de brujería tiene un grupo de adicciones que lo acompañan, es decir, drogas, alcohol y masturbación.

La persona sobre la que está trabajando el hechizo de brujería se sentirá obligada a actuar de ciertas maneras, ¡incluso sin razón! A menudo, la ira y la amargura surgen repentinamente, y luego desaparecen como si nada hubiera pasado.

El espíritu de la brujería es el controlador de las cosas físicas a través de las dimensiones espirituales, para traer un gran engaño.

El engaño es una de las mejores armas del espíritu de brujería (1 Tesalonicenses 2:3)

En los últimos días, muchos serán engañados. Jesús advierte de eso en Mateo 24:12, 24. Y en Apocalipsis 13:14. Las personas que son engañadas son personas a quienes la brujería ha alimentado con tantas mentiras, que las mentiras se convierten en su verdad (Juan 8:44)

El espíritu de brujería es responsable de plantar mentiras que conducirán a decisiones negativas y falsas.

El espíritu de brujería usa la hipnosis. Al igual que las drogas, los cantos, los dispositivos como los juegos y los juegos de mesa, Satanás los inventa como puertas a la mente para un control total. La hipnosis es una gran vía para que Satanás sugiera mentiras. Una nación entera puede ser hipnotizada, por ejemplo, la Alemania nazi.

El espíritu del objetivo final de la brujería es asentar ese asiento gubernamental para controlar y gobernar un gran territorio y llevar a cabo un lugar que no le pertenezca. Por naturaleza, se opone a Dios y quiere funcionar como reyes.

1 Reyes 21:7-8... Y su mujer Jezabel le dijo: ¿Eres tú ahora rey sobre Israel? Levántate, y come y alégrate; yo te daré la viña de Nabot de Jezreel. Entonces ella escribió cartas en nombre de Acab, y las selló con su anillo, y las envió a los ancianos y a los principales que moraban en la ciudad con Nabot.

La evidencia del espíritu de brujería o del control mental suele ser dolores de cabeza o confusión. Cuando este espíritu está en funcionamiento, su víctima siente que no se le puede enseñar.

Dureza de la mente.
Testarudez.
Depresión profunda pero la emoción de estar en control.
Incredulidad y sospecha.
El espíritu de falta de voluntad para ver la razón.

Capítulo 45

DESTRUCCIÓN DEL ESPÍRITU DE DUDA

(Lucas 1:37) porque nada hay imposible para Dios.

(Hebreos 3:12) Mirad, hermanos, que no haya en ninguno de vosotros corazón malo de incredulidad para apartarse del Dios vivo.

- El espíritu de incredulidad o duda o doble ánimo es un poder que se aparta del Dios Viviente. (Hebreos 3:19) Entonces vemos que no pudieron entrar debido a la incredulidad.
- El espíritu de incredulidad cierra la puerta a las bendiciones. (Hebreos 4:11) Por lo tanto, trabajemos para entrar en ese descanso, para que ningún hombre caiga en el mismo ejemplo de incredulidad.
- El espíritu de incredulidad quita el resto reservado para aquellos que Dios ha llamado. (Efesios 5:6) Que nadie te engañe con palabras vanas: porque por estas cosas viene la ira de Dios sobre los hijos de la desobediencia. (Incredulidad)
- El espíritu de incredulidad patrocina la desobediencia.

- El espíritu de incredulidad es la raíz de todo pecado.
- La incredulidad de las promesas de Dios conducirá a la impaciencia.
- La incredulidad en el amor de Dios conducirá al amor de crianza.
- La incredulidad en las provisiones de Dios conducirá a mentir y robar.
- La incredulidad en el tiempo de Dios conducirá a la obra y la mano del hombre.

Romanos 4:20 tampoco dudó, por incredulidad, de la promesa de Dios, sino que se fortaleció en fe, dando gloria a Dios;

- El espíritu de incredulidad hace que uno camine en inconsistencia. Ese espíritu es responsable del fracaso en la fe. (Marcos 6:6) Y se maravilló por su incredulidad. Y dio vueltas por los pueblos, enseñando. Incluso Jesús se preguntó ante la incredulidad.
- Finalmente, el espíritu de incredulidad es enviado por el enemigo para avergonzar la obra de Dios.

PUNTO DE ORACIÓN

➢ (Marcos 9:24) E inmediatamente el padre del muchacho clamó y dijo: Creo; ayuda mi incredulidad.

Capítulo 46

DESTRUYENDO EL ESPÍRITU DE BAJO AUTOESTIMA Y ESPÍRITU DE FALLO

Combatir el espíritu de baja autoestima que conduce a todo tipo de fracasos es esencial en nuestros días. Nunca en la historia de la humanidad ha habido una epidemia de depresión como ahora. Principalmente provienen de personas que se sienten inadecuadas, insuficientes y en busca de algo de una vida que no pueden justificar.

Estos son algunos problemas que sufren las personas como resultado de tener o fomentar una baja autoestima.

Siempre se considerarán perdidos e indignos de ser atendidos.

Luchan en el área de la creatividad.

Son pobres tomadores de fe (riesgo).

Operan por miedo al rechazo.

Tienen hambre de la aprobación de los demás.

Solucionan problemas de manera pobre, mentalidad de solución pobre.

Están inundados de pensamientos irracionales y operan en pensamientos irracionales.

Son susceptibles a todo tipo de miedo.

Tienen tendencia a quedarse atascados e inmovilizados emocionalmente.

Tienen un historial pobre en la escuela o el trabajo... por otro lado, en algún momento pueden compensarse en exceso y convertirse en triunfadores, pero seguirán sin cumplirse.

No pueden afirmarse positivamente, tampoco pueden recibir afirmaciones

◦ no pueden hacer una evaluación honesta de la capacidad o fortalezas, cualidades o puntos buenos...

Les resulta difícil aceptar elogios o el reconocimiento de los demás.

Se convierten en camaleones muy fácilmente para encajar con otros debido a una pobre identidad propia

Son inseguros, ansiosos y nerviosos cuando están con otros.

A menudo se sienten abrumados por la ira sobre su estado en la vida y es probable que tengan hostilidad o depresión crónicas.

Pueden ser fácilmente superados por la desesperación y la depresión cuando experimentan un retroceso o pérdida en la vida.

Desarrollan un sentido o un deseo de venganza con aquellos que sienten que no los aceptaron por completo.

Pierden fácilmente la energía por el resentimiento.

Son muy vulnerables a los problemas de salud mental y tienen una propensión a usar comportamientos adictivos para medicar su dolor y dolor. Su comportamiento adictivo puede ser drogas, alcohol, comida, juegos de azar, trabajar demasiado; una búsqueda de emoción, felicidad, meditación equivocada, etc.

PUNTOS DE ORACIÓN

> **Para que la gracia de Dios florezca en su vida y asuntos. Oro para que todo lo que le concierne sea llevado a un maravilloso final en el Nombre de Jesús.**

> 1 Corintios 15:10... Pero por la gracia de Dios soy lo que soy; y su gracia no ha sido en vano para conmigo, antes he trabajado más que todos ellos; pero no yo, sino la gracia de Dios conmigo.

> 2 Corintios 3:5... no que seamos competentes por nosotros mismos para pensar algo como de nosotros mismos, sino que nuestra competencia proviene de Dios;

> Colosenses 2:8-10... 'Mirad que nadie os engañe por medio de filosofías y huecas sutilezas, según las tradiciones de los hombres, conforme a los rudimentos del mundo, y no según Cristo. Porque en él habita corporalmente toda la plenitud de la Deidad, y vosotros estáis completos en él, que es la cabeza de todo principado y potestad'.

Capítulo 47

El Espíritu De Engaño

2 Corintios 11: 3... Pero temo que como la serpiente con su astucia engañó a Eva, vuestros sentidos sean de alguna manera extraviados de la sincera fidelidad a Cristo.

eguile es una antigua palabra inglesa para engañar o mentir. El engaño se define como el acto de ocultar la verdad, especialmente para obtener una ventaja.

La principal estrategia de Satanás es el engaño. Es hora de enfrentarse a todos sus engaños en la iglesia y comenzar a luchar contra el enemigo y no contra nosotros mismos. El Amor de Dios incluye al creyente en todas las promesas. Ya no hay más condenación para los que están en Cristo. Sin embargo, el enemigo aprovechará ciertos eventos desafortunados e intentará manipularnos para que pensemos negativamente sobre el Amor de Dios. La palabra sutileza apunta a su incansable esfuerzo por volver al hombre contra la verdad de la palabra de Dios en todos los niveles.

Sin embargo, es la verdad que puede liberar a uno de sus grandes planes engañosos. Jesús resistió a Satanás con la verdad de la palabra de Dios en el desierto, ya que Él (Jesús) contó las palabras de Dios, "está escrito".

Juan 8:32...Y conoceréis la verdad, y la verdad os hará libres.

LAS DIFERENTES MANIFESTACIONES DEL ESPÍRITU DE ENGAÑO

1. Palabra engaño.

> *(Efesios 5:6) Nadie os engañe con palabras vanas, porque por estas cosas viene la ira de Dios sobre los hijos de desobediencia.*

Satanás usará a la gente para hablarle palabras engañosas y hacerte sentir mal sobre las cosas correctas. Es conocido por tales trucos. Hubo un truco en el jardín del Edén, habló palabras contrarias y engañó a Eva. Muchas veces, hacemos lo peor del pequeño problema. Solo para descubrir qué tan reactivos hemos sido. Muchos matrimonios seguirán intactos hasta la fecha solo si se hubiera controlado la palabra y se hubiera evitado el consejo equivocado.

Ore: Señor expone todo mal consejo.

Señor, vigilé mi boca para no permitir que el mal y el engañoso encontraran expresión.

Señor brilla una luz toda palabra y sugerencia malvadas.

Señor, toda palabra malvada en funcionamiento en mi vida ahora; lo puse por la sangre de Jesús.

2. Engaño humano...

> *(Efesios 4:14) para que ya no seamos niños fluctuantes,*
> *llevados por doquiera de todo viento de doctrina, por*
> *estratagema de hombres que para engañar emplean*
> *con astucia las artimañas del error;*

Es triste decir que hay muchos al acecho, para aprovecharse de usted. Pueden ser amigos, colegas, vendedores, incluso seres queridos, que pueden tener buenas intenciones, pero la naturaleza humana garantiza incertidumbres. La escritura dice "Dios no es hombre para que mienta", y señala el hecho de que dondequiera que esté el hombre hay una tendencia a mentiras, exageraciones o pretensiones. Todos no conocemos el futuro, por lo tanto, muchos se vuelven desesperados y propensos a usar el engaño. En los negocios de hoy, la integridad ya no es la norma. Muchos quieren hacerlo rápido y fácil.

3. Autoengaño...

> *(1 Juan 1:8) Si decimos que no tenemos pecado, nos*
> *engañamos a nosotros mismos, y la verdad no está en*
> *nosotros.*

Esto es tener un falso sentido de la realidad. Esta es una falta de objetivismo, donde un individuo se negará a enfrentar los hechos en nombre de la fe. La fe no cancela los hechos, pero la fe los anula. Sin embargo, debe haber un hecho en algún lugar para ser descartado, disculpe mi repetición. Evite convertirse en un impostor, un actor y alguien que juega un papel. Tiene una vida y un destino únicos. Encuentre su realidad y quítese la máscara hoy.

Satanás tienta a las personas a competir con sus vecinos, amigos o familiares hasta el punto de perder su personalidad en el proceso. Hay momentos y estaciones para todo bajo el sol, algunas cosas simplemente no pueden suceder hasta que el Señor se mueva sobre él. "Fingir hasta que lo logre" es un término popular, le sugiero que lo crea hasta que lo consiga.

En el libro de Hebreos, dice por Fe…

Ser uno mismo. Si no sabe quién es usted, estudie a Cristo, está siendo formado a la imagen de Cristo.

4. Engaño de regalo

Esto es tan frecuente en el cuerpo de Cristo en estos últimos días. ¿Qué se llama la proyección de regalar? La escritura es clara acerca de estimar a los demás más que a nosotros mismos. También da, para ser sobrio y sensato. Podemos llegar a ser engañados al pensar que tenemos el mejor regalo y comenzar a caminar en el espíritu de derecho. Muchos han asumido el asiento del maestro y los correctores en el cuerpo, cuando realmente deberían ser estudiantes. Hay un lugar para el honor y nuestra generación necesita encontrar este lugar nuevamente. El número de citas en el cuerpo entre su predicador es realmente aterrador; aún debemos estudiar y considerar. Efesios 6: 1-2 … Honra a tu padre y a tu madre; cual es el primer mandamiento con promesa; Para que te vaya bien, y puedas vivir mucho en la tierra. La duración de los días puede no solo constituir longevidad, sino también el favor de la obra del ministerio.

Filipenses 2: 3 / 1 Pedro 5:8-9

5. Engaño mundial...

> *(Apocalipsis 20:7-8) Cuando los mil años se cumplan, Satanás será suelto de su prisión, y saldrá a engañar a las naciones que están en los cuatro ángulos de la tierra, a Gog y a Magog, a fin de reunirlos para la batalla; el número de los cuales es como la arena del mar.*

¿Cómo están siendo engañadas las personas por los fenómenos del mundo de hoy? Todo tan rápido que realmente desearía pedirle a todo que se detenga y le espere. En medio del apuro, es necesario tomar una decisión importante. Los plazos para las tareas, el proyecto familiar y laboral, las inversiones, su vida espiritual, etc. En todos estos acontecimientos, tenga cuidado de no ir con la corriente y ser engañado con la multitud.

6. Riqueza / Engaño material...

(Marcos 4:19) pero los afanes de este siglo, y el engaño de las riquezas, y las codicias de otras cosas, entran y ahogan la palabra, y se hace infructuosa. 1 Timoteo 6:17... A los ricos de este siglo manda que no sean altivos, ni pongan la esperanza en las riquezas, las cuales son inciertas, sino en el Dios vivo, que nos da todas las cosas en abundancia para que las disfrutemos.

Las riquezas deben tener el lugar que le corresponde en su vida. Donde sabemos que la riqueza y la abundancia son buenas, no son Dios. Tiene su lugar en los asuntos de la vida, pero no puede ser sustituido por la gracia de Dios.

Capítulo 48

Espíritu De División

Efesios 2:14... Porque él es nuestra paz, que de ambos pueblos hizo uno, derribando la pared intermedia de separación. Cristo dio su propio cuerpo.

La división es la acción de separar algo en partes o el proceso de separación según lo definido por el diccionario. También vale la pena considerar la diferencia o desacuerdo entre dos o más grupos, lo que generalmente produce tensión.

Una de las razones por las que las personas carecen del valor para esperar en oración es el sentimiento de estar separadas de Dios incluso después de haber nacido de nuevo. Satanás aún conserva el pasado de muchos y crea un muro de separación entre los creyentes y sus bendiciones. Este espíritu se aprovecha de nuestra vida pasada de oscuridad y acciones ignorantes. Este es el lenguaje de lo que debería haber y lo que podría haber sido. Este espíritu entra en un diálogo persistente con énfasis en el dolor de las consecuencias de nuestras acciones.

Es una mentalidad de víctimas. La mente de la víctima crea muros para la solución y habla en contra del lenguaje de la responsabilidad. Los muros en general fueron creados por el pecado de Adán, llevando a la humanidad por el camino de la división.

La división de Dios y el hombre.

La división de Dios y su planeta.

La división de hombre y mujer (hasta que haya una decisión de casarse).

La división del hombre y su entorno.

La división de las formas de vida animal.

La división entre el sistema humano de la vida.

La división entre espíritu, alma y espíritu.

La división de la vida de la tierra.

Esta división es un espíritu sentido en todos los niveles de la vida. Tenga en cuenta que debemos interactuar y ganar dominio en todos estos niveles para avanzar en la vida. En algún momento, podemos sentirnos desarmados y no calificados para acceder a las bendiciones del Señor. Sea consciente de este espíritu.

Cuando se trata del entorno socio geográfico, la humanidad ha sufrido la peor parte de la división profundamente arraigada entre culturas, tribus y grupos de personas. Los grupos de personas se han visto envueltos en guerras y conflictos durante generaciones y es triste decir que todavía lo hace.

Esta condición tiene su raíz en este espíritu que divide. No permita que su destino se vea obstaculizado debido a sus antecedentes o su frontera, rompa las contenciones hoy y avance y conviértase en todo lo que Dios le ha diseñado para que sea.

Efesios 2:12-13... En aquel tiempo estabais sin Cristo, alejados de la ciudadanía de Israel y ajenos a los pactos de la promesa, sin esperanza y sin Dios en el mundo. Pero ahora en Cristo Jesús, vosotros que en otro tiempo estabais lejos, habéis sido hechos cercanos por la sangre de Cristo.

En todas estas oraciones, está cortejando su corazón con el amor de Dios. Ya no es un enemigo de Dios. Ha sido reconciliado y su valor ha sido puesto en tu vida. Puede ser elevado a nuevas alturas. Puede hacer cosas nuevas y dignas. Puede pasar de ser y sentirse indigno a una persona de valor porque Cristo ha eliminado todos los muros del odio.

ORACIÓN

Capítulo 49

DESTRUCCIÓN DEL ESPÍRITU DE LA VIOLACIÓN

- El espíritu de violación y acoso es un espíritu brutal enviado desde el infierno e impuesto al individuo para causar una profunda sensación de pérdida.

- El espíritu de violación y hostigamiento busca imponerse a las personas eliminando forzosamente la dignidad en la vida.

- El ladrón no viene sino para hurtar y matar y destruir; yo he venido para que tengan vida, y para que la tengan en abundancia (Juan 10:10).

- El espíritu con el que Jesús trata (Hechos 10:3) Cómo Dios ungió a Jesús de Nazaret con el Espíritu Santo y con el poder: quien hizo el bien y sanó a todos los oprimidos del diablo; porque Dios estaba con él.

OPRIMIDO: (katadunasteuo. Ejercer dominio sobre alguien, hostigar). Cuando hay VIOLACIÓN Y ACOSO, el opresor siempre tomará posesión de la víctima por la fuerza. Para instigar el abandono y la desgracia.

- El espíritu de violación y acoso utilizará eventos, ocasiones, oportunidades, lugares y fechas y horarios para frustrar los esfuerzos de progreso.
- El propósito del espíritu de violación y acoso es robar y disminuir un valor de sí mismo, sus dones, talento y sueños. Es un ladrón de sueños y un asesino de sueños.
- El espíritu de violación y acoso puede ser tan audaz que incluso establecer la hora, la fecha y el lugar del ataque, la amenaza de ni siquiera intentar avanzar.
- El espíritu de la violación y el acoso es una pérdida de tiempo y se esfuerza por generar temor de todo tipo.
- El espíritu de violación y acoso devalúa, desprecia, falta de respeto y socava la propensión individual de la creatividad.
- Cuando el espíritu de la violación y el acoso ataca, siempre sigue a un robo o un desgarro de preciosos valores y bendiciones emocionales. Debe detenerse mucho antes de que aparezca.

Este espíritu puede utilizar intensamente a las personas para maltratar a personas superdotadas para obtener promoción y visibilidad personal: seguirán adelante y utilizarán a personas superdotadas sin aprecio y las dejarán para la muerte. Cuando habla con personas que son violadas espiritualmente, de alguna manera no pueden apartar sus mentes de la gloria pasada. Se aferran a la gloria del pasado porque les brinda cierta satisfacción. Se negarán a ver el futuro y las mejores oportunidades que se presentan.

Este espíritu deja un incómodo olor a derrota y vergüenza, además de amargura contra posibles colaboradores. Solo están contenidos en todos los lados, pero el poder en la sangre puede cambiar todo eso. La rehabilitación estaba en la misma situación; fue abusada y atrapada dentro de una pared. El muro que protegía la ciudad era su pequeña prisión, donde otros se sentían a salvo de los elementos, estaba expuesta y desnuda, era el lugar, donde fue maltratada, pero llegó su día de liberación y el hilo escarlata fue su salida. Realmente rezo para que pueda confiar en la sangre de Jesús Hoy y sea liberado. Lea el siguiente capítulo para obtener más información sobre la victoria de Rehab.

Josué 2:17-21... 17 Los hombres le dijeron a Rajab:

—Quedaremos libres del juramento que te hemos hecho 18 si, cuando conquistemos la tierra, no vemos este cordón rojo atado a la ventana por la que nos bajas. Además, tus padres, tus hermanos y el resto de tu familia deberán estar reunidos en tu casa. 19 Quien salga de la casa en ese momento será responsable de su propia vida, y nosotros seremos inocentes. Solo nos haremos responsables de quienes permanezcan en la casa si alguien se atreve a ponerles la mano encima. 20 Conste que, si nos delatas, nosotros quedaremos libres del juramento que nos obligaste hacer.

21 —De acuerdo —respondió Rajab—. Que sea tal como ustedes han dicho.

Luego los despidió; ellos partieron, y ella ató el cordón rojo a la ventana. NIV

Capítulo 50

Destrucción Del Espíritu De Fornicación Y Prostitución

Hay una gran historia de una ramera en la Biblia llamada Rahab. Ella residía en Jericó en el momento en que Israel estaba en el éxodo a la Tierra Prometida. Dios ha prometido darle a Israel favor y poder espiritual para conquistar cualquier nación que se oponga a este proceso. Jericó es una de esas naciones.

Dos espías fueron enviados a espiar a Jericó porque no ofrecerá un pasadizo. La Biblia dice que estaba bien cerrada debido al israelita. Estos espías estaban expuestos y en peligro, pero Rahab los protegió e incluso mintió para salvarles la vida. Entonces, Dios puede usar su hospitalidad para bien, por lo tanto, necesita oración para salvaguardarse de este espíritu abusivo.

Conocimiento sobre el funcionamiento de los espíritus:

Este es el espíritu de la hospitalidad rota.

Este espíritu socava el don de la recepción y abusa de la buena voluntad.

Este espíritu difama el poder de liderar.

Este espíritu paraliza el poder de brindar una verdadera comodidad en el servicio.

Este espíritu es un espíritu de abuso y deshonra.

Este espíritu tiene como objetivo robar toda la belleza (espiritual, emocional y físicamente).

Este espíritu tiene como objetivo llevar a una vida indigna.

Este es el espíritu que amplifica la calidad física más bien interna de las personas.

Este es el gobernador de la superficialidad.

Este espíritu promueve el espíritu de rebelión (en el caso de Sansón y Dalila).

Este espíritu rompe los límites morales.

Al final, Rahab fue recompensada con su regalo de hospitalidad. El enemigo trató de violar y destruir su vida de la mano de hombres malvados e inmorales, pero al final ella recuperó su lugar en la vida con el mismo don y servicio para traer al mesías al mundo. Entonces, es una victoria al final de su vida, fue liberada de todos estos espíritus que trataron de terminar su destino. Así que no se rinda, sirva su regalo al mundo y la sangre de Jesús testificará por usted.

Capítulo 51

Destrucción Del Espíritu De La Oscuridad

Romanos 13:11-13... 11 Hagan todo esto, conscientes del tiempo en que vivimos y de que ya es hora de que despertemos del sueño. Porque nuestra salvación está más cerca de nosotros ahora que cuando creímos. 12 La noche ha avanzado, y se acerca el día. Por tanto, desechemos las obras de las tinieblas, y revistámonos de las armas de la luz. 13 Vivamos con honestidad, como a la luz del día, y no andemos en glotonerías ni en borracheras, ni en lujurias y lascivias, ni en contiendas y envidias. RVC

Estos espíritus malignos causan sueño en el espíritu del pueblo. Dormir un espíritu dormido, así como uno que duerme no es cognitivo para las interacciones, el mismo que duerme en el espíritu no puede recibir la palabra de Dios. Es un espíritu casual despreocupado hacia las cosas sagradas y no lo venerará ni respetará. Este espíritu mantiene a los individuos en cierto nivel ignorante durante demasiado tiempo. Permanecen ignorantes de sí mismos y de los demás. El espíritu ataca a la mente para no ser consciente de sus circunstancias.

Este espíritu se aprovecha de las personas en depresión, negación, terquedad, rebelión abierta hacia Dios y su palabra. Se vuelve frecuente, porque, donde se resiste la palabra de Dios, prevalece la oscuridad. Ver a Dios es luz y la luz brilla en la oscuridad, cuando la verdad es honrada y respetada, el espíritu de la oscuridad perderá su control.

La oscuridad es un poderoso contenedor que detiene a muchos en el valle de la vida. Inspira patrones de comportamiento contrarios al desarrollo y la madurez, especialmente en las áreas de la palabra eterna de Dios. Cada patrón de comportamiento es instigado por niveles de información y revelación. Cambiar patrones en el comportamiento significa que uno ha recibido una nueva revelación. Entonces la luz siempre causará un cambio de comportamiento de la oscuridad.

Dejado en la oscuridad es un significado de la frase, para mantenerse informado de algo o para ser excluido del pleno conocimiento o divulgación. La Biblia dice "donde no hay visión, la gente perece". Este espíritu de oscuridad le roba a la gente visión y dirección. El potencial de liderazgo es un objetivo para este espíritu. Satanás intentará obstaculizar y contuvo un gran potencial dejando a las personas en la oscuridad de todo tipo, pero la palabra dice "Jesús es la Luz que ilumina a cualquiera que venga al mundo". Entonces, la fe en Jesús es el comienzo de la oscuridad desafiante. La escritura de referencia instruye a los creyentes a poner el amor de la luz. La armadura es un arma. Apunta a que la luz es un arma de guerra para combatir la oscuridad. Esto solo revela que la oscuridad es un arma utilizada para desarmar y, a veces, paralizar a las personas, pero gracias a Dios, no hay comparación con el arma de la luz.

ORACIÓN:

> ➢ Hoy pongo la armadura de la luz.
> ➢ Oscuridad no tienes derecho de mi espíritu, alma y cuerpo.

Estos son espíritus escondidos bajo las aguas oscuras de este mundo.

El espíritu de la oscuridad es un espíritu mentiroso.

El espíritu de la oscuridad propaga la falsedad de la vida en general.

El espíritu de oscuridad es una entidad esquiva que promueve y detiene el desarrollo en todos los niveles.

El espíritu de oscuridad es la fuerza oculta del enemigo detrás de pensamientos y tendencias adictivas.

El espíritu de oscuridad es lo que la Biblia llama el trabajador infructuoso, se apodera y secuestra cualquier tipo de crecimiento.

Donde hay poco crecimiento emocional, es una señal de que este espíritu está en funcionamiento.

El espíritu de la oscuridad es un rastreador nocturno que engaña al individuo para cometer crímenes y promete falsas esperanzas.

(Jeremías 4:28) Por esto la tierra se cubrirá de luto, y los altos cielos se envolverán en tinieblas. Ya lo he dicho, y no me va a pesar hacerlo; ya lo he decidido, y no voy a desistir.

Solo la armadura de la luz puede derrotar a esa oscuridad predominante. La Biblia reza para ponerse la armadura de la luz de las armas de luz porque el día pronto se está rompiendo. El significado nunca pierde de vista a su Dios que le da una visión que comenzó con la palabra de Dios y siempre continúa en el camino de la luz. La visión es clave y se desarrolla en todas las áreas de su llamado en justicia.

Capítulo 52

Destrucción Del Espíritu De Intimidación Y Terror

Isaías 54:14… Con justicia serás adornada; estarás lejos de opresión, porque no temerás, y de temor, porque no se acercará a ti.

En nuestros días, ya no hay terror ni terrorismo. El espíritu crea un corazón que falla. El espíritu hace que uno sea cobarde, que huya, que se rinda o se dé por vencido. Es un espíritu que hace que muchos corazones fallen y se niega a intentarlo de nuevo.

Este es un espíritu que impide que el hombre vuelva a intentarlo. Un negocio fallido, una relación, un proyecto y cualquier evento en el que se tenga en cuenta una forma y se abra la puerta para este espíritu. Cuando las personas aprenden a no volver a intentarlo y se desaniman, es una voz interior que habla en contra de un mayor progreso. Esta es la mejor estrategia para contener a muchos, ya que es sutil y tiene una especie de tono positivo.

Puede presentarse ante una familia y una nación enteras y operar como una maldición generacional. Josué tuvo que ser recordado en tres ocasiones por Dios para ser fuerte y valiente. La suya es luchar contra este espíritu de frente para romper la contención en las promesas de Dios.

Josué 1:6... Esfuérzate y sé valiente; porque tú repartirás a este pueblo por heredad la tierra de la cual juré a sus padres que la daría a ellos.

Josué 1:7... Solamente esfuérzate y sé muy valiente, para cuidar de hacer conforme a toda la ley que mi siervo Moisés te mandó; no te apartes de ella ni a diestra ni a siniestra, para que seas prosperado en todas las cosas que emprendas.

Josué 1:9... Mira que te mando que te esfuerces y seas valiente; no temas ni desmayes, porque Jehová tu Dios estará contigo en dondequiera que vayas.

Después de cuarenta años en el desierto y muchas batallas, luego de la pérdida de su mentor, Moisés y el sentimiento más sucesor enfrentarán. Moisés no era un predecesor cualquiera, su trabajo era gigantesco y Josué tenía un gran trabajo que hacer. Es obvio que la intimidación apareció para contener a Josué.

No fue probado como líder y necesitaba la garantía del éxito. Él medió en las promesas de Dios, pero por alguna razón le faltaba motivación. La intimidación hace retroceder la creatividad y la innovación. Paraliza el proceso de pensamiento y lo congela y desanima.

Sin embargo, Dios en su gran amor y riqueza de comprensión sabe dónde estamos todos y sus palabras son nuestra única piedra en tiempos de intimidación de la vida. Su promesa es segura y él entrará en la batalla en el momento adecuado. Jesús actuó porque cuando Josué lo conoció, se dirigió a sí mismo como el **capitán** del **ejército del Señor** y luego descubrimos que es el **Señor**. Josué lo adoró, y no detuvo a Josué en su adoración, sino que le ordenó a Josué que se quitara los zapatos porque es tierra santa. La misma palabra que su mentor Moisés debe haberle transmitido.

Dios apareció en la primera batalla, como un simple hombre y su espada desenvainada para tomar el mando de su ejército. "No estoy de ningún lado, sino que tú estás de mi lado; potente presencia. Dios está de su lado y los enemigos lo saben, así que no permita que lo intimiden. Sin embargo, en algún momento queremos ver actos sobrenaturales, es en la oración que descubrimos la sabiduría de Dios. En la oración, aprendemos a participar en tareas y logros divinos.

> *Josué 5:13-15... 13 Estando Josué cerca de Jericó, alzó sus ojos y vio un varón que estaba delante de él, el cual tenía una espada desenvainada en su mano. Y Josué, yendo hacia él, le dijo: ¿Eres de los nuestros, o de nuestros enemigos?*
>
> *14 El respondió: No; mas como Príncipe del ejército de Jehová he venido ahora. Entonces Josué, postrándose sobre su rostro en tierra, le adoró; y le dijo: ¿Qué dice mi Señor a su siervo?*
>
> *15 Y el Príncipe del ejército de Jehová respondió a Josué: Quita el calzado de tus pies, porque el lugar donde estás es santo. Y Josué así lo hizo.*

Epílogo

ios nos diseñó para el éxito al conectar a cada uno con grandes mentes, personalidades y talentos. La oración activa estos poderes. La vida es el contenedor en el que nos encontramos. Que trata de contener sus sueños y llamamientos por miles de eventos y efectos; que tienden a mantenernos distraídos de encontrar nuestra vocación principal en la vida.

La vida no debe determinar lo que hacemos o nos convertimos; debemos determinar cómo nos trata la vida y en qué nos convertimos en la vida. En la oración, comenzamos a establecer el tono de nuestra vida. Aprendemos a resistir las tentaciones para asentarnos y permanecer contenidos. Dios conoce nuestro potencial para elevarnos a grandes alturas y no es tímido al respecto. De ahí su invitación a orar por respuestas y avances.

Le queda desafiarse con oraciones estratégicas. Usted es entregado al mundo para no hablar y mantener sus sueños dentro de usted, sino ser revelado por así decirlo y presentar el regalo de Dios en usted. Como se dice, "no juzgue el libro por su portada". Su portada no servirá al propósito de Dios. El mundo está esperando disfrutar su contenido también.

"Uno de sus
discípulos le dijo:

Señor, enséñanos
a orar..."

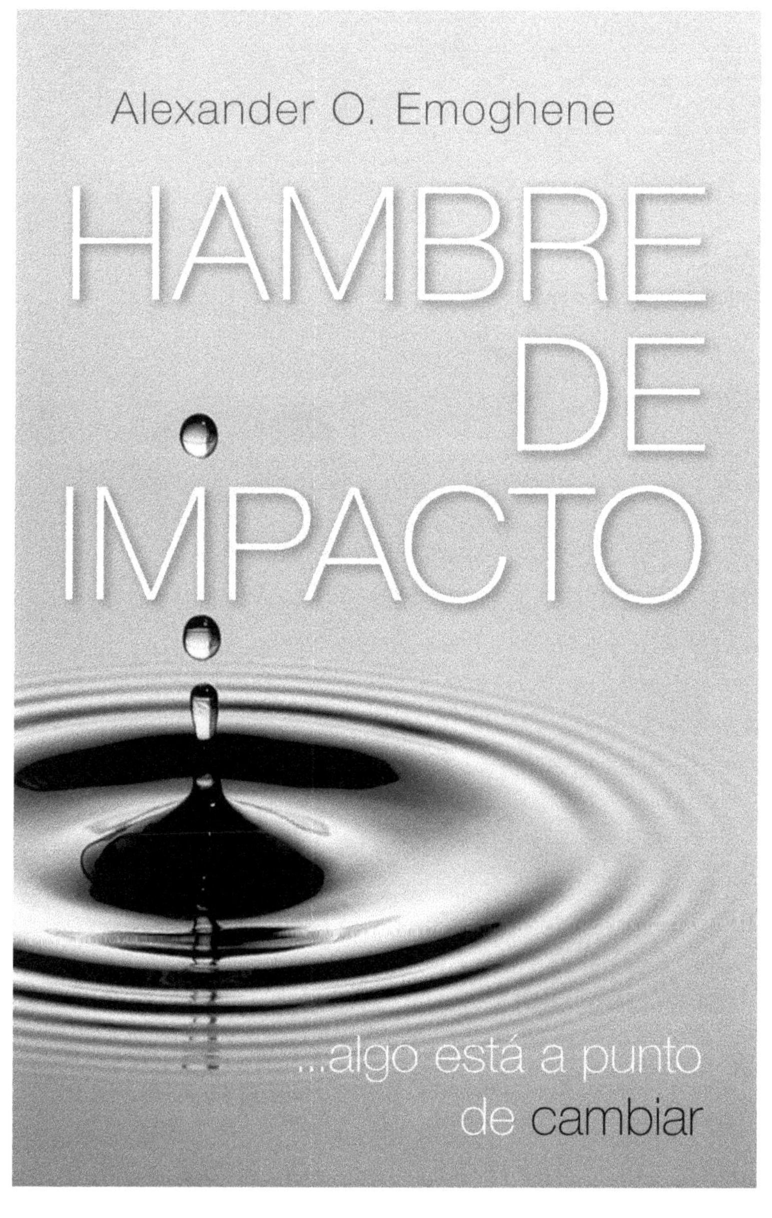
Alexander O. Emoghene
HAMBRE
DE
IMPACTO
...algo está a punto
de cambiar

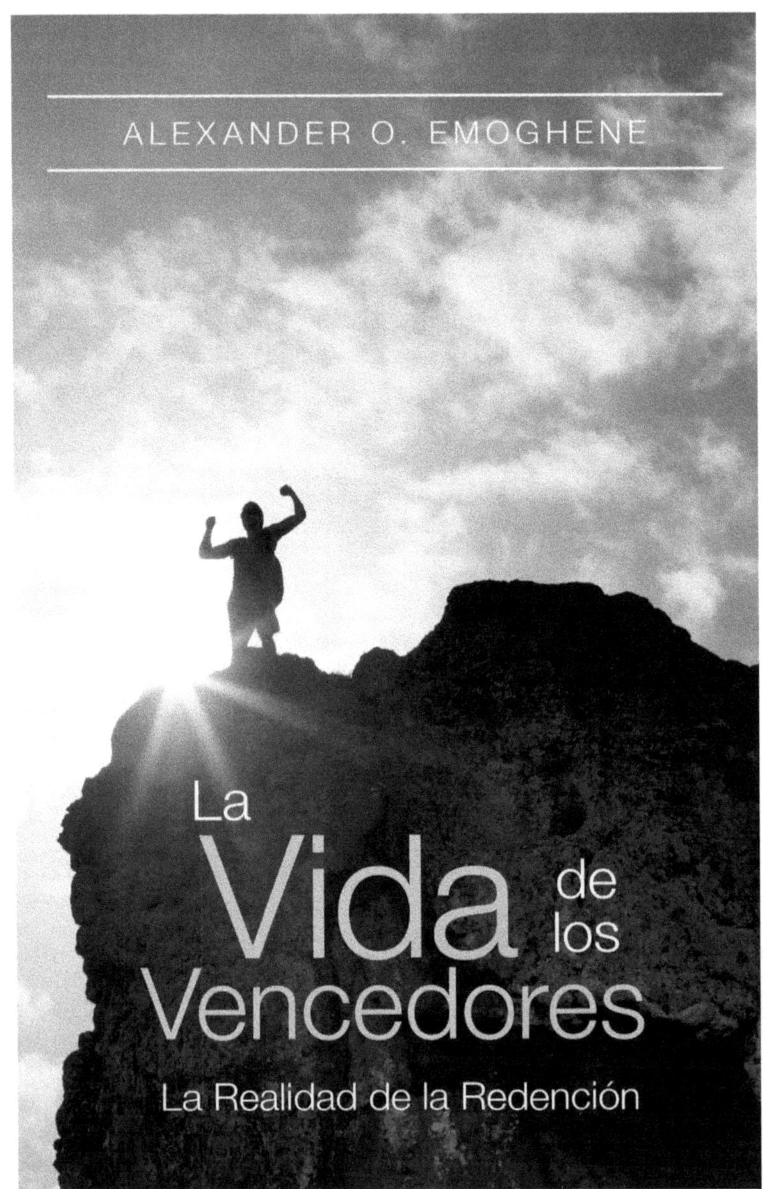

websites: **www.tulippublications.com**

Follow us on: **facebook.com/tulipseminars**

Lightning Source UK Ltd.
Milton Keynes UK
UKHW020715090820
367908UK00011B/553